相逢微甜

——我的教育随想

袁 萍 著

中国致公出版社

图书在版编目（CIP）数据

相逢微甜：我的教育随想 / 袁萍著. — 北京：中国致公出版社，2021

ISBN 978-7-5145-1881-8

Ⅰ. ①相… Ⅱ. ①袁… Ⅲ. ①小学—班主任工作—文集 Ⅳ. ①G625.1-53

中国版本图书馆CIP数据核字（2021）第212957号

相逢微甜：我的教育随想 / 袁萍　著
XIANGFENG WEITIAN：WO DE JIAOYU SUIXIANG

出　　版	中国致公出版社
	（北京市朝阳区八里庄西里 100 号住邦 2000 大厦 1 号楼西区 21 层）
出　　品	北京言之凿文化发展有限公司
	（北京市昌平区超前路 35 号）
发　　行	中国致公出版社（010-66121708）
作品企划	三名书系
责任编辑	刘　羽
责任校对	邓新蓉
封面设计	言之凿
内文设计	李　娜
责任印制	刘贝贝
印　　刷	北京政采印刷服务有限公司
版　　次	2021年11月第1版
印　　次	2021年11月第1次印刷
开　　本	787 mm×1092 mm　1/16
印　　张	13.5
字　　数	191千字
书　　号	ISBN 978-7-5145-1881-8
定　　价	45.00元

目 录

第一部分　做温暖的一束光

第二部分　守望成长　静赏花开

第三部分　情在左　爱在右

第四部分　因爱绽放　因爱美丽

目录

第五部分　同心同行　共思共长

第一部分
做温暖的一束光

第一部分 | 01

最美妙的教育是有心无痕的。很多时候，或许作为老师的我们还不知道故事的发生，但是希望的种子却在孩子心里悄悄播下了。

一年级的"小豆豆"

一

这学期开学，我开始带一年级新生，开学第一天很期待见到他们，他们也如我一样很期待认识一位新老师。我们就像是被送入不同家庭的孩子一样相互对视着，各种猜测、想法、看法接踵而至，令人既兴奋又紧张。但是在接下来的日子里，随着我们之间有了些许接触，一切都不同了。他们可爱依旧，但各种烦琐的事一件接一件地来了："老师，我不会写名字""我不会认本子""水杯打不开""书包拉链拉不开""下节什么课？""我要上厕所"……这些事使我应接不暇，一天下来，我几乎没有时间坐在办公桌前，没有工夫喝口水，没有办法正常地批作业，我一下变成了"妈妈"，为这63个小宝贝处理各种难题！我有些蒙了，一年级的班主任得随时跟在他们身后，直到把他们一个个安全地交到家长手中，才可以松口气。怎样让孩子尽快适应校园生活，知道学习常规，懂得上课、下课、守纪律、听老师讲话，成了我首先要解决的问题。我得想些办法改变现在的状态。

二

管理一年级新生不只是对教师心理、教学效果、教学方法的考验，还是对教师与家长的沟通能力的考验。记得刚开学时就有两个互为同桌的孩子因为"你多占了我一点儿位置"之类的事情，两个人互不相让地挤来挤去。其中一个孩子的家长知道后心里很不舒服，在接孩子时与另一个孩子的家长发生了口角，以至于当着孩子的面你推我搡，互相指责、争吵。这给孩子带来了极为不利的影响，两个孩子在学校的关系也因家长的干涉而受影响，才刚开学，就在与他人相处方面种下了不良的种子。两个孩子也会为了鸡毛蒜皮的事儿斤斤计较，相互说对方的不是，这令我非常苦恼。于是我开始做这两位学生家长的工作，对孩子身上的优点不断肯定，不断激励，同时也指出一些他们身上的不足，给他们一些建议、示范。比如，贾×宁不大会与他人交往，爱打人，我就教他该怎样告诉别人自己的想法，遇到矛盾时怎样用男子汉的大度去宽容别人，不久，他就在班里交到了第一位朋友。慢慢地，他和别人的矛盾少了，我也轻松了许多。

三

时隔八年，我重新回到了一年级的教学工作中，自己难免有些不适应，所以，我的语言尽量儿童化，表述尽量通俗易懂，什么事都亲力亲为，就连书写汉字都要范写，手把手地教学生写……他们意识不到危险时，你得随时提醒；他们没有养成习惯时，你得时时树立榜样；他们犯错误时，你得耐心引导……总之，我瞬间变出"三头六臂"，锐利的眼睛观察着这些"小豆豆"，嘴要不停地说，手要不停地指挥，脑子要不停地想办法……唉，他们什么时候才能长大呀！

四

　　如果这63个"小豆豆"真的能快快长大，我就不用忙前忙后地操心了。可看着他们天天傻乎乎地玩耍，傻乎乎地学习，傻乎乎地说话时，又不忍让他们快点儿长大，他们一直这样"傻"可爱，"傻"疯，"傻"玩该多好！但每朵小花总要慢慢绽放，我怎么可以这样自私地凭空阻止呢？我应该好好地教导他们，让他们在快乐中进步，成长，让他们在宝贵的童年留下美好的回忆。

"豁豁牙"的笑声

俞×是我们班个头较小的姑娘，她脸盘圆圆的，扎着两个朝天的小辫子，如果怀里抱条鱼，她活脱脱一个年画中的喜庆娃娃。她学习成绩平平，但爱凑到老师跟前说这说那，可她的嘴一说话就漏风，有时我都听不懂她在说什么。上课时，她的小丹凤眼不是看这就是看那，听讲极不专心，我总是得提醒她，可一下课她就会走到我跟前露出"豁豁牙"，跟我聊个没完，让我又好气又好笑。她的作业情况也是不尽如人意，很少能得A，要么书写不够工整，要么出错。唉，我每次看到她拿着自己被批改完的作业默默地离开，都有些不忍。那天，我们照常学生字，写生字，一会儿工夫，孩子们陆陆续续地上来让我批作业，我埋头一个一个地批阅着。"这个孩子写得还不错！"我心里夸赞着，在本子上用红笔写了一个"A"，只听一声激动的欢呼："我得了一个A！"我猛一抬头，正看到俞×的小"豁豁牙"露在外面，一脸的喜悦，紧接着她又说："袁老师，我已经有两个A了，可以换奖励卡啦！"我微笑着说："自己盖一个印章，取一枚奖励卡吧！"她激动又自豪地盖着，取着，手中举着那枚奖励卡，咯咯地笑着，那笑声那么纯净，那么稚嫩，那么打动人心，就像小婴儿发出的笑声。我的心一下子融化了，真想把她揽在怀里亲一亲……下班路上，我的耳边、心头还荡漾着俞×那动人的笑声，我想这就是作为教师的幸福。也是孩子在求学路上所品尝到的幸福，我和我的孩子们会一路寻找幸福，努力地向前冲，希望我的孩子们能一路欢笑，一路收获，一路成长！

"豁豁牙"的笑声让我不禁思考："在平时的教育工作中，我该如何更有效地激发孩子们学习的内在动力呢？"从孩子的纯真笑声中，我意识到只有对不同的孩子抱有不同的期望，给他一次尝试的机会，他就会从中感受到付出努力后的喜悦，同时自主激发内在动力。未来他会向着积极的方向不断努力，力争取得下次的成功，从而在一次次成功的体验中变得越来越优秀，越来越自信。

牵着蜗牛去散步

——我和我的刘×汐

刚看过一篇散文，文中讲：

> 上帝给我一个任务，叫我牵一只蜗牛去散步。我不能走太快，蜗牛已经尽力在爬，为何每次总是挪那么一点点？我催它，我唬它，我责备它，蜗牛用抱歉的眼光看着我，仿佛说：人家已经尽力了嘛！我拉它，我扯它，甚至想踢它，蜗牛受了伤，它流着汗，喘着气，往前爬……

> 真奇怪，为什么上帝叫我牵一只蜗牛去散步？"上帝啊，为什么？"天上一片安静。"唉！也许上帝抓蜗牛去了！"好吧！松手了！反正上帝不管了，我还管什么？蜗牛在前面爬，我在后面生闷气。咦？我闻到了花香，原来这边还有个花园；我感到了微风，原来夜里的微风这么温柔。慢着！我听到了鸟叫，我听到了虫鸣，我看到了满天的星斗！咦？我以前怎么没有这般细腻的体会？

> 我忽然想起来了，莫非我错了？是上帝叫一只蜗牛牵我去散步。

读完这篇文章我突然意识到，以前我总是埋怨班上总有像蜗牛一样的孩子，这令我无奈又着急，莫非是我错了？是上帝叫这些"蜗牛"牵我去"散步"，来磨炼我的教育情怀，增长我的教育智慧？在和这些孩子接触的过程中，我慢慢感受到，教育孩子其实就像牵着一只蜗牛散步，过程漫长，却需要一步一个脚印。别急，端正心态，慢慢来才会收获沿途的美景。

刘×汐是我们班的一位小男生，他是一名特殊的"来自星星的孩子"，因患自闭症，他在某些方面与其他孩子总是不一样。他爱沉浸在自己的世界里，他不听从老师的指令，不参与课堂活动，甚至连课本都不放在桌面上，总是自己做自己的事情。他一会儿做些夸张的动作，一会儿悄悄地蹲在地上玩，一会儿又坐着发呆。总之，他的桌面上总是空空的，只有我提醒他时，他才会慢悠悠地去做事或干脆不理会你。他写拼音更是犯难，笔顺总是不对，点横弯总是找不着家。每次"开火车读词语"的时候，我都有意识地叫他所在的小组，刚开始他不知道要站起来，后来慢慢地知道要起立，但不读；再后来轮到他读时，他却不知道怎么读，直到有一次又轮到他读，他卖力地点着头，准确地读出了词语，我一阵惊喜，连忙表扬他声音洪亮，读音准确，随即全班响起了热烈的掌声，欢呼着："刘×汐，你真棒！"从那以后，刘×汐在课堂上的表现发生了变化，他有时还会主动举手发言呢！开学不久，学生就开始学写生字了，我发现他有时能主动拿笔写，渐渐地，又发现每次我讲生字的时候他都会听，也会积极地写，甚至提前写我还没讲的字。周围的同学忍不住举手告状："袁老师，你还没让写，他就提前写！""你讲，他不听就写！"这时我总会说："刘×汐，上课要先听老师讲，一会儿给你时间写，不然会写错的。"可是这样根本不起作用，他根本不听我说的话，仿佛我叫的不是他的名字，他还是继续埋头写着，我很无奈，有时甚至发火，可他并不吃我那一套，我想这样下去会给班上的几个捣蛋鬼带来负面影响，长此以往该怎么办？既然他与别的孩子不一样，不妨就用他自己的学习方式试一试吧。后来课堂上再遇到类似的情况时，我都会这样说："只要刘×汐做的是与学习有关的事，老师就不干预，你们也要多包容他。"之后，他总是抢着写生字，虽然时常出错，但这是他唯一感兴趣并能主动完成的事。我们还没学的生字他也会在课堂上描红，书写，我们学了一半的课程时，他已经把整本书的生字描红，书写完了。看到他对书写有这么高的热情，我便把他妈妈请来，当着他妈妈的面，捧着他的小脸说："刘×汐，你能把一本书的汉字提前写完，真厉害！你要一笔一画地好好练字，把字写得更漂亮，将来当一位书法家，老师还等着你送我一幅字呢！好不好？"刘×汐的小脸在我的手心里笑开了花，他憨憨地点了点头。第二天，他交上来的书写作业有两个字写得规范多了，不过其他字还是歪歪扭扭的。到下一周再看他的书写，每一行都好看了许多，笔画书写工整多了，错字也有所减少。到了下个月，他的进步更大，他愿意站在我的旁边书写，我给他示范书写个别字，他也会认真看着，照着模仿。他这个月的书写比上个月的明显工整、规范了许多，正确率也在不断提高。一个学期下来，他的一本写字书、一本作业本都得了好几个小印章。每次批改他的作业时，我都能感觉到他站在我身旁有些紧张，一双小眼睛紧紧盯着我的红笔，当出现问题时他会有些低落，当得了小印章时他会高兴地长长吁一口气，笑嘻嘻地拿给同学看。

他一点点的变化虽然很慢，像蜗牛在慢慢前行一样，但已经让我很满足了。我知道这点变化是他和他的妈妈付出了很大的努力和坚持的结果。我不敢奢望刘×汐有更惊人的表现，只希望他能把这份热情保持下去。我安慰他的妈妈不要着急，慢慢来，其实也是在安慰我自己。

对他妈妈来说，刘×汐是一只背着壳慢慢爬的"蜗牛"，我也真切感受到我是在牵着他一起缓慢爬行。但是在这段流着汗、喘着气的爬行中，他也给了我许多惊喜。记得那天课堂上，我让孩子们练习用"好像"说一句话，好多孩子都举手说了，句子正确，却没新意。这时，刘×汐忽然举起了手，我好奇他会说出怎样的话来，于是赶紧请他来说，只见他缓缓站起来，小嘴一张，声音冒了出来，一本正经地说："蜥蜴的舌头好像一条红毯。"我一愣，全班同学也齐刷刷地望着我，我们谁都没有料到他会说得这么形象、完

第
一
部
分

做
温
暖
的
一
束
光

整、准确，过了一会儿，教室里掌声四起，我立即表扬他爱看书并且能把书中的知识运用到学习中来。全班同学的掌声又响起，欢呼声又响起："刘×汐，你真棒！"他又眯缝着双眼笑了。他是所有孩子里用"好像"说话最精彩的一个，那一刻我都有些怀疑——他真的是自闭症孩子吗？面对孩子的进步，我这样总结道：给特殊的孩子多一点真挚的偏爱，多一点情感的交流，多一点宽容，点燃他们心灵的火花，就能让他们站起来，大步向前走。

和刘×汐的相处让我感悟到教育孩子就像牵着一只蜗牛散步。和孩子一起走过他的孩提时代，虽然也有被气得失去耐心的时候，但是孩子却在不知不觉中，向我们展示了生命最初、最美好的一面。孩子的眼光是率真的，孩子的视角是独特的，家长和老师们不妨放慢脚步，把自己的主观想法暂时放在一边，陪着孩子静静体味生活，倾听孩子内心的声音，给自己留一点时间，从没完没了的生活里探出头，成就的又何止是孩子。孩子是世界上最可爱的人，别让孩子成为一只流泪的蜗牛。

一篇小女孩的日记

现在我带一年级学生，每学期都会出一本班级日记，令人欣慰的是任×妍的日记被翻译成英语、法语、日语、西班牙语在各国发表。文章的题目是《太阳》，任×妍这样写道："阳光像画笔，走进校园、动物园和植物园。校园里的同学，因为有了阳光，笑得更灿烂；动物园里的动物，因为有了阳光，更活泼了；植物园里的植物，因为有了阳光，生长得更快乐了。谁也管不了阳光，阳光是自由的。"回想让孩子们做太阳的写话练习，是应了一年级的课本的要求。在每单元的语文园地中有一项"和大人一起读"的版块，当时正讲到范文《太阳》，我觉得写得很有童趣，很积极向上，于是在课堂上就让孩子们各抒己见，说说阳光像什么。大家很有想象力，然后我就在课后布置了写话练习。没想到孩子的写话练习做得这么好。事实证明，课后，让孩子们练习创造性地仿写课本上的范文或者以图配画的方式培养他们的审美、设计、创新能力，会对孩子的语言积累起到很好的帮助作用。

每每教学孩子们感兴趣的或特别有想法的课文内容时，我都会不遗余力地设计一些特殊的作业形式，让孩子们大胆地进行写作、表达、创作。这样既能激发孩子们学习的热情，也让孩子们把学到的知识加以运用，让他们获得成就感，把枯燥的学习变成乐趣，对学习始终保持热情。这是我乐意看到的，也是学生乐意去做的。我一直提醒自己不要在孩子们最好的年华里因为考试成绩而扼杀了他们丰富的想象力、创造力，那将带给他们一个灰暗的童年。所以我把点滴的时间、大部分的精力都用在了学生的身上，只要能收获孩子们真心的笑容就足矣。

班主任的工作事无巨细，是一份甜蜜的"苦差事"，我们常常披星戴月。教好学生、管理好学生、完成学校的各项任务、处理各种琐事、与家长顺畅沟通等，没有一项少得了班主任。但其又何尝不是班主任特有的幸福源泉呢？看，这份甜蜜的"苦差事"能够让我们拥有"小粉丝"，能够让我们在一定范围内产生积极的影响，享受这份只属于我们的甜蜜。让我们以平常心做平常事，把这份甜蜜的"苦差事"进行到底！

开 心 一 刻

　　今天要上口语交际课，练习的内容是"注意说话的语气"。在创设的情境中，孩子们扮演着各种角色，再现着不同场景下说话的语气。课堂氛围异常活跃，大家沉浸在不同语气所产生的不同结果的讨论中。而我却发现我们班上的特殊孩子——刘×汐并没有被大家的举动所吸引，相反，他由最初的自娱自乐发展到现在的坐不住，双腿已经跪在凳子上，身体俯在桌子上，屁股翘得老高。当时我们正要进行下一个说话练习，情境是：一位同学使用完水龙头没有关就走了。情境表演开始了，孩子们纷纷举手，周围同学的热情丝毫没有感染到刘×汐，他依旧是那个样子，于是我说："假如那个没关水龙头的同学是咱们班的，我看到了——"说到这儿，班上的孩子们个个开始警觉，猜想老师会说谁，只有刘×汐没有任何反应，好像什么都不关他的事。"假如就是咱们班的刘×汐同学！"他一听到我叫他的名字，就赶紧从凳子上下来站了起来，愣愣地看着我，我接着表演说："刘×汐，你用完水龙头为什么不关？"语气有些生硬。同学们都明白是怎么回事，乐呵呵地等着他回答，然而他却茫然地看着我和大家，有同学等不及了，催促他说："刘×汐，老师问你水龙头怎么没关，快关上水龙头啊！"他听到了同学们七嘴八舌的提醒声，立刻离开座位小跑到后门，打开门就要出去，但被坐在后门的同学拉住，顿时全班哄堂大笑，我也笑得前仰后合，心想这是多纯真的孩子，再给他一次机会练习表达吧。我提高声调忍住笑说："刚才刘×汐没听清楚规则，老师再说一遍。"这次刘×汐的注意力一下子就集中到我这儿了，认真听完，同学们再一次笑眯眯地等待他的回应，三秒钟过后，刘×汐小跑着离开座位，绕开同学直奔我而来，我不解他又要干什么，同学们也摸不着头脑，目光随着他移动。瞬间他已站定在我面前，我瞅着他，他看也不看我，朝着我肚子的位置做了一个认认真真关水龙头的动作，然后满意地笑着迅速转身回到座位坐好。我一下恍然大悟，全班同学也看明白了——他是把我当作了水龙头，来假装关好水龙头的！顿时一片笑声，我乐不可支地对刘×汐说："小汐汐，你把我当成水龙头了吗？"此言一出笑倒全班，我也禁不住和孩子们笑成一团……

虽然刘×汐并没有理解我们说话的目的，但不得不承认他表演得很逼真。他的哑剧表演给大家带来了欢乐，同时也让大家看到了他的率真可爱。

笑着笑着我忽然想到了一个故事：

一位隐士住在山中，他很勤劳，每年春天，台阶上的野草刚探出头便被他清除掉了。一天，隐士决定出远门，拜托一位朋友帮他看守庭院，朋友很懒，从不管台阶上的野草。暮夏时，野草开花了，很美。这位朋友便摘了一朵去请教植物学家看这是什么花。结果植物学家告诉他，这是兰花中的稀有品种，很难找到，价格不菲。当这位朋友告诉隐士后，隐士感慨地说："如果我每年耐心等待它开花，不那么早拔掉，我就会看到它的价值了。"

刘×汐就像故事中的那株稀有野草，看似不起眼，甚至与大多数孩子不同，但他的能量一旦爆发出来，也是很惊人的。每个孩子都是种子，只不过他们的花期不同，大多数孩子很快就灿烂绽放，而像刘×汐这样的孩子，花期则需要漫长的等待。我不会因为别的孩子都"小荷已露尖尖角"了，而刘×汐还没有任何动静而着急。我相信他有他的花期，即便他在我的手中绽放不了，我也要细心地呵护自己拥有的每一朵花，慢慢地看着他们成长，陪着他们沐浴童年的阳光风雨，这何尝不是一种别样的幸福？相信刘×汐，静待花开，也许刘×汐的种子永远都不会开花，永远都不会追赶上别人的步伐，但我想他的憨厚、清纯、无忧，会让更多人去真心爱他。

愿阳光与你同行

部编版一年级下册"语文园地二"中有一篇文章题目叫《阳光》，文中有一句话："谁也捉不住阳光，阳光是大家的。阳光像金子，阳光比金子更宝贵。"

闫×丞同学的学习基础不是太好，上课小动作多，下课经常管不住自己，会做出一些较冲动的事。但是我发现，他对红领巾监督岗的工作特别感兴趣，愿意担任班级监督一职。但是在全班推选时，很多同学不支持他，就是因为他不能自律，他的情绪因此很低落。我考虑再三，决定冒险让他担任这一职务，以便于其纠正自身的不良习惯，使大家改变对他的看法，让他找到自信，感受到被大家认可的幸福，自然激发出内心的动力，真正改变自己的行为。于是我单独找他谈心，了解了他的想法，并帮他分析了同学们不支持他担任该职务的原因。他表示愿意改正缺点，严格要求自己。于是我又一次征求了全班同学的意见，并让他向全班同学表态，在赢得同学们的信赖和支持后，最终他站在了班级监督岗的位置上。他在任期间，对工作认真负责，课间及时提醒身边同学。我也及时地在班上肯定了他的进步，同时给他制定了目标定位单，每月一份，对他提出了更高的要求。他的家长在目标定位单中这样写道：

> 敬爱的袁老师，您好！谢谢您用辛勤的汗水滋润孩子的心田，您每次温馨的话语都鼓励着孩子成长，给孩子力量和信心，谢谢老师！您辛苦了！

孩子的转变、家长的由衷感谢让我慢慢意识到教育孩子要心中有规，手中有度，以表扬为主，多肯定，多鼓励，多赏识，但也不该忽略了以惩戒为辅。这个必要手段当然要慎用，但也不能不用。孩子本身会有这样那样的问题，可就是这些问题让孩子不断成长，不断进步，不断超越自己，不断成就自己。

而我想说：我要做一名带光的老师，照亮身边每一个孩子，让每个孩子都得到阳光般的关怀；可爱的孩子们就是绽放的向日葵，应该在阳光般的环境中快乐成长。我要努力营造阳光环境，实施阳光管理，创设阳光课程，培育阳光学生，做一名心中有阳光的老师！

一个都不能少

教育家陶行知曾说："最好的教育是教学生做自己的先生。"在班级管理中，我始终坚持全员参加的原则，不管是课堂活动还是课后活动，都鼓励学生积极参与，并为他们创造各种机会。

把班会还给孩子，既能体现班主任的主导作用，又能体现学生的主体作用。每期的班会都是由学生自己策划、自己组织、自己主持、自己布置、自己操控、自己拍摄，老师只是幕后导演，从而使每一个学生都得到锻炼。在学生积极参与的过程中，我力求使他们都能得到锻炼，进而增强组织和参与活动的能力。让学生在班会活动中大展身手，为他们提供一个发挥创造力的土壤和环境，在内驱力的调动下使身心得到愉悦的发展。

每年的校园艺术节全班必定会集体参与。那年的艺术节只有我们班高高壮壮的董×辰还没有分配到角色，这孩子是一个除了学习成绩之外什么都挺好的孩子，老实憨厚、个子高、身体壮，真不知道该让他表演什么。眼看登台的日子就快到了，真急人！他也很沮丧！我和班上的几个文艺骨干又凑在一起商量，突然大家说让他客串千手观音吧，我眼前一亮，这主意不错，但就是不知道董×辰本人同意不同意。我们激动地去询问他，他一听，有些迟疑，还有些不好意思，但几个文艺骨干已经等不及了，拉着他就开始排练，又不断地给他加油打气。在周围同学强劲的鼓动下，他勉为其难地接受了。第二天，男生给他做好了头饰，女生给他配齐了金色的长指甲。登台那天，他又借了一套爸爸的西装，反串搞笑的角色由他一人担任！他一亮相，全班同学都成了陪衬，他们齐鼓掌，原本有些羞涩的他在台上也露出了自信的憨笑。自此之后，同学们和他打招呼都是双手合十。他在自己的舞台上散发出了光芒！虽然他的学习成绩依旧没有多大的起色，但他在班级里的人缘更好了，存在感更强了！还有，被学生们公认为"功夫男孩"的王×泽在2017年的教师节大会上，成为武术表演《少年梦》的主角，还获得了甘肃赛区青少年组武术冠军。"吉他男孩"李×升，也是在一次班级活动中需要他假装弹吉他，结果他就让妈妈给他报了吉他班，真的学起了吉他，班级活动无意中激发了他的另一个兴趣。尤其到了初中，他学习成绩又好，还会弹吉他，因此具有极高的人气，中考又以655分的好成绩被师大附中录取。"魔术男孩"王×田、"相声男孩"付×清也被师大附中录取。班级墙报布置工作也完全由学生自己完成。每个学生都参与到班级管理中来，成了真正的小主人，因此，班级凝聚力更强了。

　　一个班级在组织管理中如果能够做到人人参与，那么这个班级学生的民主意识会增强，自我管理的能力会提高，个性发展会更全面，自我教育会更完善。久而久之，每一位学生的参与热情都会被激发出来，他们的协同合作精神也得到了培养，在学习、生活等方面形成一种你追我赶、相互学习的良好氛围。这有助于班级形成良好的班风，"人人参与、一个都不能少"让我们的班级充满温暖，学生之间变得融洽！

送他一抹阳光

有人说过这样一句话："老师不经意的一句话，可能会创造一个奇迹；老师不经意的一个眼神，也许会扼杀一个人才。"老师习以为常的行为，也许会对学生终生的发展产生不可估量的影响。作为一名教师，我们应该经常回顾自己以往的教育历程，并进行反思：我造成了多少个遗憾，刺伤了多少颗童心，遗忘了多少个不该遗忘的角落！在工作中，我深深地感悟到爱是最高的教育艺术。教师的一双眼睛看不住孩子们几十双眼睛，但教师的一颗心可以拴住几十颗孩子的心。因此，我尊重、理解、关心每一个学生，把更多的爱洒向每一个孩子的心田。

董×辰是我班上学习成绩最差的学生，他虽然不像有的男孩子那样调皮捣蛋，但是他对学习没有兴趣，作业塞责、成绩糟糕。去年期末考试时，我甚至想过放弃这个学生。就在考试当天，我惊奇地发现坐在最后、平时不爱与人讲话的他，居然在请教其他同学语文题"临时抱佛脚"。

后来在和他的一次不经意的谈话中我才知道，那时他爷爷生病住院了，需要做手术。这孩子想在爷爷出院的时候给他一个惊喜，考一个好成绩给他看。听他讲完，我觉得羞愧，这么懂事的孩子我怎么可以放弃？

这个学期，我特别"关注"这个学生。课堂上鼓励他多发言，多给予其表扬，他的作业我也毫不吝啬地给了"优"。两个月下来，他开朗了许多，也能认真对待作业了。可是，毕竟他的基础很差，前两次单元测验，他又排名全班最后。当时，我找到他，细心地帮他分析了试卷，"看拼音写汉字"他就错了6个，可见做题时还是不够细心。因此，并不能只看分数来判断学生的成绩是否进步，有些丢掉的分数完全可以通过认真审题而得到。所以我告诉他不必为一时的疏忽而灰心，只要平时练习时做到每一步看仔细，做认真，这样的错误以后完全可以避免。在班级中，我还为他找了"小老师"，以便在他遇到困难时能及时给予帮助。他的成功不在一朝一夕，我相信，只要他能坚持，作为老师的我们永不言弃，他的成功就在眼前。

正当我满怀信心期待他"化蛹为蝶"的时候，他却开始不按时完成作业了。为此我非常气愤。我屡次狠狠地批评他，想让他改进，给自己一个安慰，但他屡教不改。我一次次失望，身心俱疲，一见他气就不打一处来，让他完成作业简直是妄想，以至于我们之间变成了"猫和老鼠"的关系。在无可奈何之下，我心平气和地想：要改变一个不良习惯并不是一件容易的事情，懒人的心理一般都是这样，想要勤奋，但就是没有办法管住自己。再加上他经常不做作业，基础比较差，让他完成和其他学生一样的作业，他必然会望而生畏，偷懒的心理一旦产生，作业就更完成不了。如果他因此而失去学习的信心，那就更糟糕了。假如和他商量，布置适合他的作业，说不定会有作用。我抱着试一试的心态，从他的实际情况出发，引导他一点一点地改变不做作业的习惯，没过两个月，他和全班学生一样，每天都能坚持完成作业了。

看到他的学习成绩渐渐有了起色，我心里暗喜，一边及时表扬，一边寻找机会以帮助他建立信心，同时让他感受到努力带来的收获。当时恰巧学校评选"进步之星"，我向全班学生询问谁的进步最大，有人提到他的名字，我问："大家同意吗？"在一片掌声中他显得很意外，又带着紧张和激动的神情忐忑地看着我，我微笑着注视着他的眼睛，举起左手，一字一顿地说："我赞成！"霎时，他眼里闪现出泪花。我接着对大家说："不过，我对董×辰还有一点小要求。奖状要先放在我这里，只要董×辰按时完成作业，我就会在开家长会时把奖状完好地交到家长手里；如果有一次不完成作业的情况就撕去一角，两次就接着撕去一角……我们看看董×辰同学是不是能坚持完成作业，把奖状真正拿到手，不辜负大家的鼓励！行吗？"他毫不犹豫地点头。奖状发下来了，我让他仔细看了看、读了读奖状上铅印的字，然后小心地收回，把它平整地压在了我的抽屉里。第二天，他的作业全部上交；第三天，作业也交齐了；第五天、第六天，天天都能见到他的作业。我的烦恼变少了，他的快乐增多了。

这件事使我学会了在学生的缺点中找优点。所谓"差生"，就像河中的沙子，它没发光，或许是因为我们不具慧眼，没有发现他的闪光点。只要我们用心雕琢、打磨，使他的亮点越来越多，暗点越来越少，最后你会惊奇地发现，裹着污泥的沙子竟是一粒金子。

比如那次校园艺术节上，他客串的千手观音十分亮眼，给别人带来了欢乐，也让自己变得更快乐。从那以后，班上的同学见了他都会双手合十地与他打招呼。虽然他的学习成绩还是不够好，但重要的是让他喜欢一件事，哪怕是种花、养小动物、逗别人开心。中考结束后，董×辰告诉我他去了职业学校学厨师，我鼓励他技多不压身，多学一门技能多给自己一条选择的路。从董×辰的身上，我明白孩子即使考不了高分，也应该有健康幸福的人生，我们应给他们幸福的理由，让孩子有一样属于自己的东西，因为这会影响孩子一生的生活质量。

我们作为教育工作者应当学会赏识学生，用心去发掘学生的优点，有效地调动学生的积极性，努力使学生相信自己的力量，尽量让学生感到学习是自己的一种荣誉，人生也不只有考高分一条路可走。学生年龄虽小，但内心世界是丰富多彩的，"一粒沙子，一个世界；一朵小花，一个天堂。"

我想走进每一个孩子的心灵，在里面洒下一抹阳光，让每个孩子成长的道路上都充满阳光，一路向前！

我的小老师——关×

这学期第一周，我偶见班上有一学生魔方玩得甚好，又听得周围同学说他什么样的魔方都能快速拼好，即使是蒙上双眼也可以。于是我灵机一动，对关×说："关×，我拜你为师吧！你教我玩魔方吧！愿意收我为徒吗？"其实我说这句话是别有用意的。因为我平时留心观察过班级里的孩子们不会玩魔方，也没有有趣的游戏可玩，尤其是课间时间，他们不是你打我，就是我追你，存在很大的安全隐患。我拜师只不过是想利用一下"明星效应"，我学得怎么样不重要，重要的是这样能带动全班，让他们有一个共同的爱好和兴趣，进而使班级管理变得更容易。关×一听我这样说，先是一愣，然后眼中放射出兴奋的光芒，连连点头说："好，好。"从此他开始认真教我，我也开始认真学习，不到一个下午的时间，我拜师学艺的消息就传遍了整个班级。经过几次的学习后我还是一面都拼不出来，要知道小时候我玩魔方都是把对不出来的地方抠下来再安上去，我已经打算放弃了，更何况我还有一堆作业和事情要处理，哪有工夫继续耐心地学下去呀。我有些后悔我的决定了。但是，我的小老师关×却劲头十足，他一有空就拿着魔方出现在我面前，我开始找各种理由罢学了，要么说我这会没空要批作业，要么说我要开会，别等我了，实在不行还会说我要去卫生间，总之就是躲他检查作业。小老师一次又一次地被我骗走了，可他依然执着，非要解决我这个困难学生，我只好硬着头皮继续学。关×的脑子灵活，再加上他的空间思维好，而我虽为他的老师，可在这方面却表现迟钝，往往这边学完，那边就又还给了"老师"，此时我的心中有些不安，怕在学生面前丢丑。有一次，他在专注地教我旋转时，还专门为我编了一个好记的小口诀"送孩子回家"，我忍不住问他："小关老师，我是不是太笨啦？"他抬头直视着我一本正经地说："您可比我妈聪明多啦！我教我妈一个月，这步她还没学会呢。"我听了瞬间想流泪。这么有耐心、宽容的好老师真是可遇而不可求啊！可我就是没有领悟，怎么办？只得硬着头皮再问再学，没想到的是，小关老师却反过来时时鼓励、安慰我，一遍又一遍地教我，我不好意思的心放了下来，只要小老师不嫌我笨，不嫌我烦，我就继续学。我不再偷懒，在学校一有空就拿起魔方转一转，晚上回到家只要有空就琢磨、复习巩固，我甚至把小关老师教我的每一步都用自己的话写在了本子上，以便记忆。意想不到的是，我拜师学艺的举动悄悄掀起了一场班级玩魔方的浪潮，孩子们下课因魔方三五成群地凑在一起学习、交流的多了，疯玩的少了，乱跑的少了，打闹的没了，就连放学排队时也听不到说话的声音，听到的都是转动魔方时发出的咔咔声，只见他们手中花花绿绿的魔方在翻飞着。

　　我也在我的小老师手把手的指导下、孩子们的督促下"被迫"学会了。这让我想起了马云说过的一句话："不试试你怎么知道就不成功呢？"孩子们的帮助让我沉浸在成功的喜悦中。最可贵的是孩子们从玩魔方中悟到了学习方法，日常学习中不再是被动地靠老师讲解，而是开始主动琢磨、思考、查找。我在学魔方时记不住步骤，就会边学边记要点，孩子们也学着我的样子在课堂上主动做笔记，他们在学习中变得专注了许多，也开始主动思索，主动寻找解答方式，动手摘记，也学会举一反三了。爱因斯坦曾说过："兴趣是最好的老师。"于是，我顺势在班级中组建了魔方社团，并开展各种活动，各种不同的魔方、不同的玩法层出不穷，从中也诞生了许多玩魔方高手。这样的活动让孩子们开阔了视野，在兴趣中成长，相互之间真真实实地看到了他人的长处，学会了不贬低、不歧视他人。班级有了良好的班风，班级文化也在不知不觉中逐渐形成。孩子们的生活趣越来越丰富了，写作素材也越来越多了。我给孩子们树立了榜样，孩子们也同样成了我学习的榜样。

不及格的快乐生活

　　小胖是我们班一位比较沉默的小男生，他内向，反应慢，动作迟缓，还显得邋遢。当然，他对学习也没有多大兴趣，眼看五年级就要结束了，可他还是不紧不慢，一副"事不关己，高高挂起"的模样。那天，我们又进行了一次单元小测试，他还是老样子，不该错的都错了，写的字永远是"大号"字体，就像老年机中显示的超大字一般，并且笔画乱飞，很不美观、整洁，一点改观都没有。我气不过，把他叫到跟前摊开他那张分数少得可怜的试卷，厉声批评了他。他还是像以往一样站在我面前，略显局促，嘴一张一合地不知在嘀咕什么，眼皮耷拉着，人像泄了气的皮球似的毫无神采！看着他这副不争气的样子，我越说越气，把他数落了一遍，他就这样毫无表情地听着，等待着我放他走的那一刻。我决定请他家长来，他却像得到解脱一般，点头同意后一溜烟跑没影了。他的家长来了，交流起孩子的问题，我们都觉得无奈，明明我们都在用各种办法把小胖往前推，可小胖却纹丝不动。他妈妈说她在家里为了鼓励他好好学习，使出了各种招数，可他就是油盐不进，还对她说："别瞎折腾了，你那些奖励我都不要！"他妈妈生气地说："这孩子怎么这么懒呢！只要不提学习，干什么都行，一提学习怎么样都不做。"我也发现小胖在学校一上课就双眼无神,但一下课,眼睛里就有了光,他也很会玩。小胖的妈妈为了证实她对小胖的教育,还向我袒露了家庭矛盾,为了使小胖学习有起色,她在家盯得很紧,俩人经常在家闹得鸡飞狗跳,为此小胖的爸爸意见很大,夫妻俩也常常发生矛盾,这也严重影响了家庭和睦。

我突然意识到我在小胖学习这件事上的执拗,无形中改变了一个家庭的氛围,孩子在这样的氛围中成长无疑是不利的,这不是好心办了坏事吗!如果一个家庭和谐、幸福,即使孩子的学习成绩不理想,也会有一个健康的身心,不会影响他将来做一个身心健康的人。我之前的做法太自私、太片面,只顾及班级成绩,站在自己的角度来评判孩子的好坏,表面看来是在为孩子深谋远虑、规划未来,殊不知我忽视了小胖的个人成长,我只注重结果,却没想到在这个过程中对小胖及小胖的家庭造成了伤害。小胖的成长比分数更重要,他的快乐才是更应该被关注的。每个孩子的成长道路都不同,不必苛求,找到适合孩子的方向才是有利于他发展的。在今后的工作中,我要努力做到在利他中寻找教育的意义。

谁说不及格的小胖就不能有快乐的生活!

老师"够朋友"

法国作家拉·封丹写过这样一则寓言：

> 北风和南风比试，看谁能把一个路人的大衣吹掉。北风呼呼猛刮，路人紧紧裹住大衣，北风无奈。南风徐徐吹动，温暖和煦，路人解开衣扣，脱衣而行，南风获胜。

这则寓言也被人们称为"南风法则"，它形象地说明了一个道理：温暖胜于严寒。

王×卓在班上学习成绩一贯落在后面，为此我利用放学时间单独给他补过课，但效果却不明显，一不留神，他就偷偷溜走了。家长在家连打带骂，还是不起作用，某天，一场小测验，果然不出我所料，王×卓又是五十多分。我怒气冲冲地把他叫到办公室，摊开卷子让他看，正准备狠狠训斥他一顿时，我抬头一看，他神情恍惚，局促地搓着两只手，我内心不禁升起一丝怜悯，这孩子被打骂的次数太多了。我微微一笑，心中的怒火已被浇灭了一半，对他淡淡地说："还不错，这表明你已经学到了五十五分的知识，还是

029 · 第一部分 做温暖的一束光

有点收获的。这次老师先给你借五分凑成及格，这样你回家就不会挨打了。但下次考试要还给我，行吗？"

听到我的话后，他的脸微微一红，接着又睁大眼睛望着我，似乎不相信，我伸出小拇指，看着他温和地问道："行吗？"孩子感激地看着我，用力地点点头，伸出了小手和我拉了钩。

我忽然很感动，轻轻地摸了摸他的头，郑重地说："老师相信你有能力还回来。"

在接下来的几天中，他的学习态度明显发生了变化：听课时认真了许多，举手的次数也多了。我心里不由得感到高兴，但是他的学习成绩真的能提高吗？我心里打了一个问号。

转眼小测验的日子又来了，看到他时而蹙眉思考，时而认真书写，我开始不安起来。考试结束后，我先把他的卷子抽出来批改，每一个对号、错号都揪着我的心，结果出来了，他居然考了六十八分。我又算了几遍，没错，就是六十八分！我激动不已，上课时，当着全班同学的面，我郑重地宣布了他的成绩。大家先是一愣，接着鼓起了掌。我看到他眼中闪烁着喜悦的光。

从此以后，他在学习上动力十足。每次都让我给他借几分，然后下次加倍还，他的成绩也由此不断提升，一学期下来，他的排名成绩竟然跃居班级中等。他看着自己一次次的进步，激动地在日记中写道：老师，您是我最信赖的朋友，在我犯错时是您引导我改正错误，在我对学习失去信心时是您及时改变了我的认识，给了我动力，让我拥有了奋进的勇气。老师您真"够朋友"。

那一刻，我感慨颇多。孩子的成长过程是螺旋式的上升，我们要在平静中等待，等待他们成长。在他们身上我仅仅做到了宽容与体谅，却收到了奇效。一个"够朋友"，孩子心中充满了温暖，温暖就是前进的动力；一个"够朋友"，师生之间的距离拉近了，心灵之门打开了，再要求孩子做些什么就容易了。老师的温暖、关爱就像水的载歌载舞，使鹅卵石臻于完美。

陶行知先生曾说："你的教鞭下有瓦特，你的冷眼里有牛顿，你的讥笑中有爱迪生。"愿所有的老师对孩子都多一点温暖的关爱——尤其是孩子"屡教不改"时。因为，选择扼杀或培养往往就从这里开始。

自他们小学毕业后的三年里，无论是教师节还是春节，我总能在第一时间收到孩子激动的电话和家长亲切的问候。中考结束后，王×卓以536.7分的成绩考入了兰州四中。孩子的妈妈给我发来短信说：

> 袁老师，您好！我是王×卓的妈妈，您的学生王×卓以536.7分的成绩被兰州四中录取了。感谢您一直以来对孩子的耐心教导，我们会一直记得您的好。这是孩子的一次关键动态，特向您汇报一下，祝您工作顺利，您辛苦了！

看到这条短信时，我又激动又自豪，我的职业让我感受到了自己的价值，我的职业更让我品尝到了幸福！人生几十载，还有谁能像我们一样在不经意间就会获得惊喜呢？的确，温暖在不知不觉间感动着你我的心……

点燃心灵的火花

点燃孩子心灵的火花，就是让每一个孩子都生活在被欣赏中，不断地体验成功，快乐成长；就是让每一位学生都得到全面的发展。老师对学生的细心关爱能唤醒学生身上一切美好的东西，帮助他们扬帆前进。

我的班里有个男生叫何×泽，因为他的爸爸得了肌肉萎缩症，他的家庭压力大，精神负担重，所以他在学校常常情绪低落，闷闷不乐，缺少孩子应有的朝气。我想帮助他，于是我悄悄观察。我发现他没事就在一个本子上记录着什么，一打听，才知道他对公交路线很感兴趣。我悄悄对他说："何×泽，老师无意间发现了你记录的公交车行程单，能送给我一份吗？我平时出行可以查阅。"他一听，先是一愣，随即有些羞涩地说："我还没记全呢，能让我记全了再给您吗？""好呀，我可等不及了。"然后他微笑着朝我点了点头。

过了几天，何×泽站在我面前，面带微笑地递给我一份手写的公交车行程单。从此一发不可收拾，各种路线图、行程单不断被送到我的手中，他一次比一次快乐，脸上的笑容也是越来越灿烂。

我也不再是悄悄地找他要，而是当着同学们的面大声地预约最新版的交通单，8路公交车要换新车的消息是他最先告诉我的，新车第一天上路，他就与我分享坐车的感受。他的快乐天天洋溢在脸上，他所整理的公交路线由市区发展到周边区域，甚至到白银市，未开通的地铁路线他也能清晰地整理出来。每次看着他欢快地站在我的面前呈现自己的最新成就，我感到无比欣慰，有什么能比一个孩子的快乐成长更重要呢？

看着他的改变，我心里有说不出的喜悦。这让我笃定，好的教育方式一定能够给无助的心灵带来希望，给稚嫩的双手带来力量，给迷蒙的双眼带来清明，给孱弱的身躯带来强健，给弯曲的脊梁带来挺拔，给自卑的人们带来自信。而一个拥有希望、力量和自信的人，最有可能成为幸福生活的创造者和美好社会的建设者。

心理学家威廉·詹姆斯曾说过："人性最深层的需要就是渴望别人的赞赏。"获得老师的肯定和赞美是孩子的心理需要。这种需要一旦被满足，孩子就会发生点滴变化，所以，当孩子有了成绩，或者有了良好行为、健康的心理，做老师的千万不要吝啬一个愉悦的微笑、几句鼓励的话语，老师甚至可以成为他们的"粉丝"，因为他们正是从这样的被尊重和被赏识中增强了信心。

争　　吵

刚上完课，口干舌燥，我正准备拿起杯子润润嗓子，突然听见门外一阵嘈杂的争吵声，随即两个小姑娘一边你一句我一句地吵着，一边向我快速走来。俩人站在我面前，不等我开口就噘着嘴纷纷向我告状。她们各不相让，相互说着对方的不是，完全忽视我的存在。她们似乎根本不是来向我说清楚事情的经过的，而是要站在我面前争吵。我好似一个过路人偶遇了她们的不愉快，并且她们也不容我插嘴，我张开的嘴也只好作罢，只能静静地听着她俩一声比一声高地争吵。听了一会儿我终于明白了，原来金×妍如不小心把刘×函的笔碰到了地上，而刘×函认为她是故意的，就这样俩人争吵不休。我不假思索，准备把她们俩各批评一通，并让她们相互道歉，以此解决这件事。忽然，我看到刘×函手中挥舞的一张图片，那上面印了一只小狗，我提高嗓音猛地打断她们的相互指责，问刘×函："你拿这张小狗图片干什么呀？"还没等刘×函回答，金×妍如抢着说："美术课我们要用，老师让我们带小动物的图片。""哦，这只小狗还挺可爱的……"刘×函嘟着小嘴说："这只小狗是我家养的。"金×妍如又抢着说："是的，袁老师。这只小狗真的是刘×函家的。"我笑着说："你怎么知道？"金×妍如也笑着说：

"我跟她们家的狗一起玩过……"刘×函像突然想起了什么，说："那次我们在楼下院子里碰见，金×妍如就逗着我家的狗玩……"刘×函一边比画一边讲述着那天的事情经过，此时金×妍如安安静静地站在一旁，两只小眼睛里透着快乐的光芒，听着听着就用手指着小狗补充说："我还趁它不注意，骑在它背上了呢！"刘×函也用胖乎乎的小手指着金×妍如，说："就是，就是，我们家的小狗都让你给压趴下了……"金×妍如听到后，笑弯了腰，刘×函的眼睛也笑弯了。她们俩又开始你一句我一句地说着笑着，我仿佛又成了一个过路人，偶遇了她们的快乐。悠扬的上课铃声响起来了，俩人还喋喋不休地说着跟小狗一起玩耍的快乐时光。我在一旁微笑着说："上课铃响了，谢谢你们与老师分享了你们的快乐，快回教室上课吧。"她俩一听，高兴地对视了一下，齐声说："老师再见！"她们正要手拉着手走出办公室，一位老师喊住她们，问："哎，你们俩来办公室找袁老师干什么来了？"这一问，她们才突然想起来，你看看我，我看看你，不好意思地笑了，又看向那位老师不好意思地傻笑着，同事乐呵呵地说："快去上课吧！"

看着她们快乐的身影，我的心情很舒畅，多亏了这张照片让我找到了更好地解决孩子们之间矛盾的办法。现在仔细想想，如果只是严厉地打断她们的争吵，只是把她们两个人各批评一顿，让她们相互道歉，我想并不能使她们真正化解矛盾，只是屈服于老师，做了表面样子。她们情绪最激动时，是不利于解决问题的。此时不妨转移她们的注意力，让她们从不良情绪中走出来，讨论一个彼此都感兴趣的话题，并且不失时机地对她们进行正面引导，让她们找到她们在一起时的快乐影子，从而产生积极的情感共鸣，那么这些不愉快也就会烟消云散了。这种解决问题的方式效果会更佳，既让她们发泄了不良情绪，又让她们加深了友谊。事实证明，自从她们那次争吵后，俩人成了形影不离的好朋友。我想，这也是古人常说的"不打不相识"吧。

换 座 位

那天刚到家，我就接到了李×盈爸爸的电话，谈话主题直奔调换座位。他说孩子的同桌闫×丞的学习成绩不好，许多次因桌子占位而发生矛盾，孩子受影响、受委屈，要求换座位。我静下心来对李×盈爸爸说："我知道他们俩今天发生的事，因为快放学了，其他同学都在等待，所以没来得及处理，想着明天去处理。孩子之间遇到问题，我们应该先去引导解决，而不是帮助他们以极端方式解决问题，这样孩子们永远学不会与人相处，我明天处理，您说可以吗？如果处理完还出现问题，我们再通过换座位解决，您看呢？"

电话那头的语气发生了变化，刚开始的愤怒之声变得平和了许多，几声"好的，好的"让我放下心来，"袁老师您费心，我们家长也会给孩子做好思想工作的。"我们愉快地挂断了电话。

第二天，我把两个孩子叫到跟前说："六年小学生活即将结束，你们留恋吗？"孩子们点头，"你们同桌了这么长时间，一定很了解对方。李×盈，你发现闫×丞身上有什么优点吗？"闫×丞原本紧绷着的脸，随着同桌说他的每一个优点而渐渐舒展、放松了，我心里暗笑，起作用了。

接着我问闫×丞："李×盈在你眼里有什么优点？"

他晃了晃身体，斜眼看了一下站在身旁的同桌，轻声说："她学习好，平时做事很认真，而且经常帮助我，对班上工作也负责，字也写得漂亮。"

他说话的时候，我发现李×盈会时不时转头看他一眼，既吃惊又高兴的表情在她脸上流转着，我扑哧一笑，说："看来你们俩都会欣赏他人呀，这多好！可是俩人怎么又会为了占位置的多少争得不可开交，甚至相互出手呢？我都不敢相信这事会发生在你们身上，现在想来都觉得好笑呢！"俩孩子听我一说，也有些扭捏，不好意思地笑了。

我笑着说："那你们还能做同桌吗？"

闫×丞抢着说："能，我们不会再发生昨天的事了，我会往边上坐点。"

李×盈也接着说："有时是我急了些，我也不会跟他抢占位置了，我会好好跟他说。"

看着两个又让人气又让人爱的小家伙，我拉起他们的手温和地说："快要毕业了，珍惜这段校园生活吧！"

望着他们欢快离去的背影，我心里充满了幸福感和成就感。是这份职业启迪了我的智慧，也是这份职业使我内心满足。

守望成长　静赏花开

做一个有吸引力的班主任，细心捕捉生活中的点滴小事，走进每一个孩子的内心世界，使看似平淡的日常教育显现其并不平凡的教育意义，让孩子们真正快乐地成长。

舌尖上的成长

——记班级美食节

生活，这是一切书籍中第一本重要的书。

——罗曼·罗兰

新 疆 美 食

学习了《葡萄沟》一课后，我发现在课堂上，孩子们看到五光十色、晶莹剔透的葡萄，眼里会放光。当问到新疆还有什么美食时他们更是激动不已，表现出垂涎三尺的样子。我灵机一动，不如在班里开展一个美食节活动，让孩子们亲身感受"新疆真是个好地方！"这句话的魅力。于是，我正式宣布开展新疆美食节的活动。孩子们看着我，用心听着我说的每一句话，那股劲头从没有过，我心里也乐了。看来搞活动比上课效果要好呀！第二天一早，孩子们都早早地来到学校，整整齐齐地坐好，只是有些等不及想把美食打开了。因为第二节课才开展活动，我赶紧做好孩子们的心理工作，让他们安心上好第一节课。第二节课上课铃一响，孩子们不约而同地坐端正，小眼睛齐刷刷地望着我，我找了几个学生介绍了自己带来的新疆美食后，就看到孩子们已经按捺不住了，待时机成熟，让他们开始分享品尝。我分好了小组活动区域，提了要求，孩子们立刻分好组，打开袋子，展示自己的美食，相互品尝，询问交流……。一时间，教室里一片欢腾，我赶紧取出手机记录下这欢乐时刻，孩子们各种不同的姿态、不同的表情、不同的动作，让我捕捉不够。孩子们也不忘与我分享，不一会儿，我眼前就摆满了各种美食，那一刻，我仿佛不再是老师，他们也仿佛不再是我的学生，我们一起分享，一起交流，一起说笑，仿佛在过节。一节课就这样不知不觉地过去了，大家都很留恋，下课围在我周围，我又将课桌上的美食一一与孩子们再次分享，哪怕是每人分得一丁点儿的馕，也能满嘴留香。孩子们叽叽喳喳地说葡萄好甜，大红枣肉厚又甜，葡萄干酸酸甜甜，薄皮核桃好剥好吃……，孩子们懂得了分享的快乐，有了想去新疆旅游的想法，还有的想带上家人品尝新疆所有美食。更重要的是，他们更喜欢上语文课了，当然也更喜欢我了。

　　另外，在群里与家长的互动也是热闹非凡，家长看到我的现场直播也深受感染，说他们也想加入；有家长发了吃惊的表情，搞怪地说："这是一个什么样的活动啊，我家孩子居然五点钟自己起床，梳洗完毕坐在沙发上等着去上学，哈哈。"还有家长表示给孩子带的东西太少了，有些遗憾；许多家长赞成这种寓教于乐的教学方式，这样也能增进孩子们之间的感情……。看着场外家长热情洋溢的言论，看着孩子们开心的笑脸，老师独有的幸福感油然而生。活动结束后，我趁热打铁让孩子们说说美食节的情景，回家记录下这欢乐的时刻。他们反馈回来的日记内容精彩纷呈，使得我一边批阅一边就觉得肚子饿了。课堂上，我们又把美食变成文字再次与全班孩子们分享他们写的日记，大家再一次重温了美食节，重温了美食节带给我们的那份快乐。有的孩子写道："我们开展了一次别开生面的新疆美食节活动……哈哈，要是有烤羊肉和大盘鸡就更完美了！""我们迫不及待地开始了旋风般的扫荡！"其中一次孩子这样写道："今天，老师为了让我们学习课文《葡萄沟》，特意举办了一次别开生面的新疆美食节活动，同学们都带来了新疆特产。有带葡萄干的，有带大枣的，有带大核桃、奶片的……，一时间，美食堆满了课桌。我最喜欢的是葡萄干，因为它没有涩味，甜甜的。今天的美食节不仅加深了我们对课文的理解，还让我们体会到了跟同学分享美食的快乐，真开心呀！"

孩子们的字里行间流露着快乐，家长的言语间流露着赞许，我的心里充满了教师职业的幸福感。我要跟我的孩子们幸福地走在求学路上！

家乡美食节

刚过了"新疆美食节"，又迎来了"家乡美食节"。这是孩子在班级美食节中写道的。是的，新疆美食节活动的成功开展让我想了很多，在孩子们的成长道路上不光有学习，还有生活，在丰富多彩的生活中学习，他们才能开阔眼界，才能兴趣盎然，才能有正确的人生态度。同样，家乡也是一个值得思考的话题。为了让他们热爱自己的家乡，我从家乡的美食入手，让他们去了解家乡，去感知家乡的美好！班上开展了"家乡美食节"活动。孩子们在家乡美食节活动中发现，原来自己的家乡不光有牛肉面、凉皮这些美食，还有许多自己从没吃过的特色美食。家乡的大、美形象在孩子们的心里初步建立了起来。家乡的美食拉近了孩子们与家乡的关系，拉近了孩子之间的关系，更促进了一个班集体的团结向上。

《舌尖上的中国》里有一段话：在这个时代，每个人都经历了太多的苦痛和喜悦。中国人总会将苦涩藏在心里，而把幸福变成食物，呈现在四季的餐桌之上。两天的美食节活动，让孩子们身心愉悦地分享着，潜移默化地学习着，孩子们的灿烂笑容留在我的心头，这也证实了一点：会感受生活的美好，才会感受学习的乐趣。

写家乡美食

为期两天的班级美食节活动结束了。现在该让孩子们逐渐沉静下来，把自己对家乡的了解和热爱用文字的形式表达出来，这是一个沉淀的过程。关于写话作业，孩子们写得都很真实、有趣。瞧，有孩子这样写：我的家乡兰州是丝绸之路上的一颗明珠。兰州冬无严寒，夏无酷暑，昼夜温差大，有利于瓜果储存糖分，于是兰州有"瓜果之乡"的美誉。脆脆的香瓜、沙甜的大西瓜、糯糯的软儿梨、多汁的冬果梨、可口的白凤桃……，每个来到兰州的客人都忘不了这里甘甜美味的瓜果。兰州的味道是甜蜜的！兰州还有一样驰名中外的特色美食，那就是鼎鼎大名的"牛肉面"，汤头清亮，萝卜片白，辣椒鲜红，面条柔滑。兰州的味道是鲜美又带点辣的！兰州还有很多别的美食，凉皮、羊羔肉、烤羊肉、牛奶鸡蛋醪糟、油香，数不胜数！兰州的味道是多种多样的！身为"吃货"的我生活在兰州真是太幸福啦！

孩子写得多好，把自己的体验、情感都融入了字里行间，活动的意义正体现于此！随着孩子们笔尖文字的真情流露，我也以文字的形式与孩子们交流互动，家长们也被感染，纷纷畅抒己见。

参观家乡博物馆

为了让孩子们更好地了解家乡，周末我和家长们带领着孩子们到甘肃地质博物馆进行参观。讲解员全程为我们讲解、答疑解惑。孩子们因此了解到原来我们脚下的土地曾经生活过恐龙，我们身边不起眼的石头也有它的历史，我们生活的地方还蕴藏着这么多奥秘……

孩子们长了知识，看到了家乡的不同风貌。课堂上的交流不再是我在说他们在傻傻地听，而是他们畅所欲言，我在一旁不断地发出惊叹。

画 家 乡

有了前面的铺垫，我让学生结合二年级上册"语文园地四"中的"我爱阅读"这一版块，仿照文中内容写写自己家乡的一处景。写出我在哪儿，那里有什么景物，我在那里做什么，要求在A4纸上一半作画，一半写文字。孩子们渐渐开阔了视野，打开了思路，有画水车写水车的；有画中山铁桥写中山铁桥的；有画白塔山、五泉山，写白塔山、五泉山的；有画滨河路写滨河路的；有画母亲河写母亲河的；还有画荷花池、羊皮筏子，写荷花池、羊皮筏子的……。孩子们画得认真，写得生动。这份画家乡的作业中同样融入了孩子们对家乡的热爱，他们也练习了本单元所学的好词好句，锻炼了综合能力。

本单元围绕着祖国的山河美景，选择了四篇课文。我利用教材中的内容设计了一系列拓展练习，我想这样的练习会对学生有所帮助，使学生有所提升，让孩子用自己的感官去触摸、去体会、去思索，把所学的知识联系实际生活，从而有效地转化成能力。这样，学习的趣味性提高了，学生也有了灵活运用知识的意识，学习的动力充足了，内驱力得到了激发。我和孩子们一起学习并快乐着，快乐并学习着！

我想，如果你对教学缺乏足够的热情，你的学生也不会在学习过程中充满激情；反过来，如果你认为教学工作是有趣的、有意义的，你在工作中的表现也会感染你的学生。这就是物理学中力的相互作用吧！教学亦如此。

奖励豆之奖励汤

　　美国心理学家波斯纳认为：教师成长=经验+反思。

有了免作业券，我觉得还不够，覆盖面还不够广，于是我又琢磨：有什么好方法既能让孩子们看到自己每天每时每刻的进步，又能让他们有更强烈的积极性呢？我在厨房里找到了符合心意的东西——豆子，它便于存放，不占地方，还看得见，关键是它可以食用。小小的豆子是最佳选择，所以我开始用奖励豆来激励大家学习。奖励包含个人的进步、贡献，也包含集体取得的成绩。想了就去做，我拎着一袋子绿豆走进教室，孩子们睁大了眼睛，百思不得其解，胃口吊足了，我说出了我的想法，孩子们静静地听着，眼睛里露出亮晶晶的光。为了切实做好这件事，我让大家从班级中推选出两名大家都信任的学生来当监督员，监督每一次豆子的积累和存放，并让一名数学学得最棒的同学来当数豆专员。有热心的孩子下午就把装豆子的瓶子拿来了。绿豆有了家，这些豆子还差一个大家一听就来劲的名字，我们在热烈的讨论声中最终达成一致，将其称为"奖励豆"！"谁能为'奖励豆'创编一句广告词，既能朗朗上口、深入人心，又能快速揭示名字的含义？今晚回家想想。"

第二天，为奖励豆征集广告的活动开始了，有的同学说："虽然它只是一粒普通的豆，它却能证明你的优秀。"有的同学说："一粒豆里包含着你的进步。"还有的同学说："豆本豆，豆非豆。"一时间，各种精彩的广告词充斥着整个教室，我们慎重挑选着，时不时地爆发出的笑声、掌声、赞许声让班级里充满了智慧、活泼、民主、向上的能量。最终我们选定了韩×楠同学的广告语"奖励挡不住！"并请她把广告词设计出来，装到了瓶子里。有细心的同学指出韩×楠设计出来的广告词出现了一个错字，"励"左边厂字头里面的"万"的横折勾出头了。韩×楠红着脸说她回家再做一份。我看着她窘迫的样子，举起这张带错的广告设计图纸对全班说："我们不如把这个错误保留下来吧，今后不论是韩×楠，还是班上其他同学，只要用到这个'励'字就会想起出现的这个错误，相信你们都会避免再出错的。就让这个美丽的错误成为我们即将结束的小学生活中的又一个美好的回忆吧！"

前期准备工作已经做好，一切就绪，只等一粒粒带有孩子们各种进步的绿豆装入透明的瓶子里了。刘×拾金不昧，奖励30颗豆子；赵×乐关心班集体，发现喷壶漏水从家里拿来了一个新喷壶，奖励30颗豆子；卓×最近在课堂上表现突出，奖励50颗豆子；洛×元测试有进步，奖励60颗豆子；高×宁、牛×杉在报纸上发表文章，各奖励100颗豆子；全班获得本周文明班级，奖励700颗豆子（按班级人数算）；男生在运动会上获男子团体第一名，奖励500颗豆子……，各种进步、各种成就、各种好现象纷至沓来，孩子们看着奖励瓶里的奖励豆不断增加，积极性也逐渐提高了！他们都希望奖励瓶中有自己的努力付出，都想尽快集满一瓶，等积攒满一瓶就可以分组熬成豆汤啦。

一瓶豆子在大家的注视、期待下迅速集满了。第二天是我们全班分享豆汤的时刻，而争到为自己小组熬豆汤的同学更是想得周到：有单独带白糖的，有带一摞一次性碗的，有拿烧水壶装豆汤的，因为这样很方便倒出来。大家都来得很早，都没有在家吃饭，就等着分享豆汤呢。孩子们端着一碗碗香喷喷的豆汤细细地品味，一张张灿烂的小脸像盛开的花朵，让我看不够！

呦，这组的奖励汤里不光有绿豆，还有大米；咦，那组的奖励汤里多了银耳、枸杞；哦，他们组的奖励汤里还有花生哩！五花八门的奖励汤让孩子们喝不够，喝了一碗还要一碗。当然，我的面前也摆满了各组的奖励汤，我们的胜利、我们的喜悦不能独享，其中少不了其他老师的付出，把这些奖励汤送给任课老师，以感谢他们的培育。孩子们第一次品尝到了由奖励豆变成的奖励汤的味道，这里面既有食物的美味，又有进步的幸福，我还有什么理由不为这样的班集体自豪、骄傲、努力呢？

孩子们的成长比分数更重要，陪伴比管束更可行。作为班主任，我要倾尽全力为学生创造一切机会，让学生在主动中发展，在合作中成长，在思索中创新。

在接下来的学习生活中，孩子们的转变可谓与日俱增，他们会聚拢在奖励瓶周围估摸着还要几周才能集满，有心急的孩子会直接跑到我跟前问我："袁老师，什么时候再喝奖励汤啊？"我会搂着他说："我也馋啦！那要看你们的努力程度喽，就快了吧！"奖励豆活动的推行还意外地改掉了个别学生挑食的坏习惯。那天第一节课是数学，大队部的赵老师急匆匆走到我身边，拉着我问最近班上在搞什么活动，说她朋友的孩子在我们班上，平时他妈妈给他熬汤他从不喝，这两天很奇怪，非要他妈妈熬豆汤喝。我听了扑哧笑出声来，向赵老师讲了我们班的"新政策"，她才明了缘由，我也才发现奖励豆还有这功效——治疗偏食，真是意外的收获。

之后的奖励豆活动花样翻新，冬天是红豆，夏天是绿豆；这次是熊猫豆，下次是芸豆，再下次是混合豆，每一次的豆子都不同，每一次的活动都激励着孩子们去体验回味，也激发着孩子们的身心去勇敢改变。

班级管理正是如此！它既要对学生进行学习方面的指导，帮助学生明确学习目的，端正学习态度，掌握科学的学习方法，提高学习效率；又要对学生全面发展进行最好的引导。只有灵活的班级管理方法，才能提高班级管理效率，我们班主任老师要随时调整班级管理的模式，使班上每一个学生都获得最大限度的发展。这难道不应是我们老师去努力做到的吗？

神奇的"奖励糖果"

在高年级的班级管理中，我用了"奖励豆"的方法调动了学生的积极性，营造了班级的整体氛围，使班级形成了健康向上的良好班风；"奖励豆"的作用可以涵盖各个方面，使我的工作由复杂难办转变为简单有效，使我充满了正能量。一颗小豆解决了不少"顽疾"。现在，我在带一年级的孩子，用这种方法显然不太合适，一是他们年龄小，对积攒豆子不感兴趣；二是即使攒够，也不便熬成奖励豆汤分享，反而会弄得一团糟。有什么好方法呢？我由"奖励豆"想到了"奖励糖果"，就让这些色彩绚丽、香甜美味的糖果来引导孩子遵守课堂纪律，学会与人为善，学会团结、乐于助人，学会欣赏他人的优点并向他们学习等。

第一次，为了让他们尽快有直观的感受和体验，我随时表扬，随时奖励，每天都带着奖励糖果来课堂，孩子们看着糖果天天增加，学习更努力了，都迫不及待地问我什么时候能吃上这些糖果。看着他们停留在糖果上的眼神，听着他们可爱的问话，我心里乐开了花，笑着说："快啦，再认真听讲，大声回答问题，多帮助同学，奖励糖果就满了，大家就可以分享啦！"孩子们激动地跳着，课上课下的表现渐渐好了很多。小班干部会时不时地跑到我跟前请求数一数糖果数量，然后给大家汇报，还不忘提醒几个小调皮有哪些要注意的地方。不久，奖励糖果积攒够了，该发糖果了，班上64双小眼睛齐刷刷地盯着缤纷的糖果。拿到糖果后，有些孩子剥开就吃；有些孩子一边吃一边还要看看、闻闻别人的糖果；有些孩子小心地把糖果装起来，我问她为什么不吃，她回答说要拿回家和爸爸妈妈一起吃；还有的孩子直接大声说："老师这糖怎么这么甜，我从没有吃过这么好吃的糖！"有的孩子还把吃过的糖纸装到小袋子里保存起来，甚至贴在了自己的成长册里。那一刻，每个人心里都更爱这个班级了，更想通过努力尽快迎接下一次奖励糖果的到来，班级形成了积极向上的氛围。

我心里甜甜地想：奖励糖果可真神奇，哈哈……

陈×成妈妈留言：

谢谢袁老师。小朋友们真棒。

祝福这个大家庭越来越好！！！

耿×晨妈妈留言：

谢谢袁老师，小朋友们得到糖果好开心！耿×晨上周就开始念叨要是自己表现好了就会得到糖果！

周×言妈妈留言：

感谢袁老师！

小朋友们会更加努力！

康×言妈妈留言：

小朋友们通过自己的努力得到糖果奖励，格外开心！

有意的"错误"

我们都是教育的行者，需要倾听，用我们敏感的心灵、细腻的感受、丰富的体验去倾听孩童的心跳。

因为要上一堂录像课，所以我提前在其他班级进行了试课，试课过程中出现的问题又在课后逐一解决，最后信心满满地来到录课现场。可刚一上课，就出现了始料不及的问题：我故意将课题中的"谜"字写成了"迷"字，本来在其他班上课时这一问题一下就被指出了，但由于是录课，学生们居然不敢说，怕揭露了老师的错误。好不容易一个颤颤巍巍的手举了起来，怯怯地指出了我的"错误"，我如释重负，心里不禁涌出各种想法。

课后我沉静下来思索着：课上的状况随时都会有，这要求老师用智慧一一化解，同时我也深深感受到我们的教育让孩子变得胆小不自信。他们虽然是三年级的孩子，但是已然能看眼色帮老师掩盖错误了，在不确定的情况下不敢表达自己的真实想法、看法，而是一味老实地接受老师的传道授业解惑！那么久而久之，孩子就会失去探索、思考、论证、质疑的能力。我们的教育结果是统一的答案、思路，而孩子的创新与独立性将会消失，我不得不警醒！

曾经一位科学家拿蜜蜂与苍蝇做了一个这样的实验：他把几只蜜蜂放在瓶口敞开的瓶子里，侧放瓶子，瓶底向光，蜜蜂会一次一次地飞向瓶底，企图飞进光源，它们绝不会反其道而行之，试试另一个方向。困在瓶中对它们来说是一个全新的情况，是它们始料未及的，因此，它们无法适应改变后的环境。

这位科学家又做了一次实验，这次瓶子里放的是几只苍蝇，瓶底向光，不到几分钟，几只苍蝇都飞出去了。它们多次尝试，一会儿向上，一会儿向下，一会儿面向光，一会儿背向光。它们常会一头撞上玻璃，但最后仍能振翅飞向瓶颈，飞出瓶口。科学家这样解释这个现象："横冲直撞要比坐以待毙高明得多。"

这个科学实验表明，在人生的道路上，许多人因害怕失败而不敢轻举妄动，这种恐惧的心理使许多人丧失了成就未来的大好时机。实际上，实现人生价值、人生理想的过程往往伴随着挫折、痛苦和失败。所谓"心想事成""一帆风顺"，只不过是人们的美好愿望而已。这就要求我们必须具备百折不挠的意志品质或者"屡败屡战"的勇气。这不正是孩子们面对老师的错误不敢说真话给我们的启示吗？

教室里的不速之客

有爱心的老师能赢得孩子的喜欢，有智慧的老师能赢得孩子的敬重。在课堂教学这块教育重地上，课堂因生成而发生，生成才是课堂鲜活的家，所以在课堂教学中，老师要竭尽所能地让课堂充满智慧。

我曾遇到过一件事，那时学校还是旧教学楼。语文课刚开始，一只老鼠顺着墙边一路跑出来，我很怕老鼠会跑到我这里来，这可怎么办呢？坐在边上的学生有的尖声喊叫，有的跳到椅子上，有的开始下座位打老鼠，全班一片混乱。经过一番混战，老鼠终于被赶跑。我扑通乱跳的心终于平静了下来，教室里的学生也终于安静下来，大家面面相觑，等待着我的发落。此时的我既惊恐又愤怒，刚想发作，又一想是孩子们帮我解了围，不然我怎么把这个不速之客请出去呢？刚才热闹的场面还心有余悸，于是我平静地对他们说："谁能用一段话把刚才的场面描述一下。"学生们先是一愣，继而纷纷举手。经过一番发言后，我说："同学们，平时写作文时，大家都觉得没得说，没得写，为什么今天大家都说得这么好，句子通顺，用词准确？""因为今天我们认真观察了。""有亲身体验。"学生们抢着回答。"对，只要我们留心观察生活，就一定能写出好的作文来。下面请同学们把刚才的所见、所说写下来，有困难吗？""没有。""老师，这太容易了。""老师，原来写作文这么简单，太有意思了。"学生们纷纷拿出纸笔，就这样半节课打老鼠，半节课练笔，一节生动有趣的语文课完成了。课堂上的偶发事件，教师是不可能预料或防止的，但教师应及时发现它，以从容的态度去面对它，并灵活机智地处理它，使课堂教学顺利进行。这样一来，可能会获得比预期更好的教学成果。

正如教育家朱旭东所说，最美妙的教育是有心无痕的。

课本剧表演

狐　假　虎　威

今天给孩子们讲《狐假虎威》一课。在授课中，我抓住狐狸的动作，让孩子感悟狐狸不同的心理活动。比如，针对"眼珠子骨碌碌一转"这一动作，我让孩子们想象狐狸心里是怎样想的，然后让孩子们表演，接着让他们以这样的心理读出狐狸的话："你敢吃我？"孩子们把狐狸试探、恐慌又故作镇定的神态和语气都读出来了！就这样，课文讲完了。

孩子们读懂了人物不同的神态、动作，心理活动也弄清楚了之后，我们开始以小组为单位分角色排练表演。小组间的课文剧表演大赛拉开了序幕。每个小组都争先恐后，我选了一个小组上台表演，大家目不转睛地看着，只见一只饿虎揉着饿瘪了的肚子在搜索着猎物，突然一只狐狸从老虎身边蹿过，老虎猛扑过去抓住了狐狸，教室里顿时笑声一片。扮演狐狸的孩子还真入戏，眼珠在眼眶里骨碌碌一转，仰着脖子，提高嗓门说："你敢吃我？"扮演老虎的孩子也很有趣，多加了一个字来表现老虎的迟疑，就是"嗯？"这个"嗯"字一下子把老虎听后觉得奇怪，有些疑惑的心理表现了出来。台下的观众也被他们感染了，向前探着的身子也不由得缩回去了一些。狐狸的扮演者更是用夸张的动作表现狐狸强硬的语气。他竖起大拇指，夸张地朝上指了指说："老天爷派我来管你们百兽……"一副我最厉害、最威风的样子，又把大家逗笑了。接着，他又大摇大摆踱着四方步走在老虎前面，一脸的炫耀、傲慢，小脸扬得高高的，鼻子里还发出"哼、哼"的声音，而老虎的扮演者则跟在后面，一脸的诧异，东瞅瞅西看看，一副受气包的样子。两人滑稽的样子又让全班同学哄堂大笑。更可贵的是他们还对课文中出现和没有出现的小动物进行了创新，让它们也有了语言、动作。除了文中的野猪、小鹿、兔子外，他们还根据本组课文中的人数加了三个小动物。他们凑在一起站在一旁七嘴八舌地议论着老虎的反常举动，还带着吃惊的表情，我心想："有表演天分，即使是个小角色也不放过抢戏。"

　　一声"啊！一只大老虎！"的惊叫把我吓了一跳，只见他们在教室里四散奔逃，大家一时之间不知该看谁了。掌声响起，笑声响起，欢呼声响起，一组表演的《狐假虎威》结束了。其余小组也跃跃欲试，手臂伸得像片小树林。接下来几个小组的表演更是活灵活现，各种夸张动作、语言把大家牢牢地吸引住，掌声、笑声不断。

　　当然，也有露怯的学生。有一组上来先是每个孩子自报扮演的角色，然后各就各位。就在此时全班愣住了，台上只有狐狸的扮演者，老虎不知道到哪儿去了，又引得大家一阵笑。"狐狸"孤零零地站在台上，有些尴尬，我笑着解嘲说："你们这组用无声的语言诠释了狐假虎威的意思，老虎居然被狐狸的威风吓跑了！"教室里响起孩子们天真烂漫的笑声，我也过了一把观众瘾。

狐狸分奶酪

　　明天该讲《狐狸分奶酪》一课了，这一课也很有趣，我觉得比《狐假虎威》更加有趣味。我琢磨着要怎样讲出趣味，让孩子们喜欢。我仔细地研读着课本，脑海中随着文字的描述，浮现出一幅幅画面，我制定了两大策略。第一策略：在讲授中让孩子们对文中留白的地方大胆想象，再现画面。比如，第一自然段的结尾句："可是，他们不知道怎么分这块奶酪，小哥儿俩开始拌起嘴来。"学到这儿，我请孩子们想想小哥儿俩拌起嘴来会互相怎么说。先同桌之间相互说说，再指名说说，然后请哥儿俩上台演演。没想到孩子们把生活中的经验搬到了这一情景里，说得很有趣，一个说："我是弟弟，我得多吃。"另一个说："我是哥哥，饭量大，我应该多吃点。"另一组的小哥儿俩说得更逗，一个说："我小，正在长身体，哥哥你应该让着我。"另一个说："哥哥肚子大，多吃点才行，下次让你多吃还不行吗？"

孩子们的即兴表演就像生活中发生的真实场景，把我逗笑了，也把台下的孩子们逗得咯咯直笑，一时间举手要表演的孩子多了起来。接着，我们开始揣摩书中人物说话时的动作、表情及心理活动，帮助孩子们更好地把握人物，为表演做好铺垫。课文顺利学完了，孩子们兴致盎然。

接下来实施教学第二策略：表演再现课文。我让孩子们在四人小组中扮演哥儿俩和狐狸，另外一人当评委，指导演员表演。孩子们在小组活动中运用夸张的表情、语气认真表演着，我则悄悄拿出道具放在一旁准备着，很快，孩子们的小组活动结束了，陆续坐好，用期待的眼神注视着我，显然表演还没尽兴。于是我从想扮演哥哥的孩子中选了一位上台，又选了一位想扮演弟弟和另一位想扮演狐狸的孩子上台，我把事先准备好的奶酪——切片面包放在了讲桌上，表演拉开了序幕。哥儿俩捡起奶酪开始争执如何分，"狐狸"跑过来边说边吃，一会儿工夫，面包就都进了"狐狸"的嘴里，"狐狸"的嘴里塞满了面包，带着夸张的表情，尖着嗓子细声细语地说："我分得可公平啦！你们谁也没多吃一口，谁也没少吃一口。"说最后一句的时候，面包渣都从嘴里喷出来了，他又赶紧捂上嘴，一下把狐狸的贪婪表现得淋漓尽致，滑稽的样子也让全班哄堂大笑。同学们一看还有可以吃的"奶酪"，手举得更加积极了，盼着老师来叫自己表演。我一边把他们精彩的表演录制下来，一边笑得手有些发抖，我的切片面包吃完了，可孩子们却兴致不减，还嚷嚷着要演……

下课后，孩子们围着我，有的主动说："我以后再也不敢斤斤计较了，不然就让别人占便宜了。"有的说："袁老师，你带的面包真甜，真好吃。"有的说："这节课我都吃饱啦！"……放学后，我把一段段视频上传到班级群里，家长们看到自己孩子的表演和学习状态，有家长留言说："别说孩子们喜欢，我们看了都好想参与。""今天下班回家，我们一家三口也要带上头饰在家表演一下，来一次家庭亲子娱乐活动。""我要把这段视频替孩子珍藏起来，将来制作成成长历程留给她。"

回想孩子们课堂上的生动表演、课后天真的话语以及家长热情的反馈，我不由得感叹：现在的孩子真了不起！真聪明！不光孩子们在这种形式的学习中找到了乐趣，我也感受到了做老师的乐趣，教学的趣才是吸引学生眼球的法宝，提升孩子能力的关键。

我们的班级日志

　　这学期我们班开始写班级日志，班级日志每人每天轮流写，孩子们和我一起分享他们的世界，大家会点赞，一星期我也会关注一次。这样既提高了每个孩子在班级中的关注度，又能防止有些孩子的"胡作非为"，同时我也能更好地了解每个孩子较真实的情感，并对其随时进行教育引导，化解内心矛盾。更重要的是，我想让孩子们透过班级日志，去观察、倾听、发现、欣赏朝夕相伴的伙伴一点一滴的进步；把生活、学习的点点滴滴写进文章里，既能帮助孩子们解决写话时"巧妇难为无米之炊"的难题，又能让孩子们拥有敏锐的眼光捕捉身边动人的事物。孩子们很期待拿到班级日志，既可以看看大家写了些什么有意思的事，又可以吐露自己的心声，一段时间后你会发现，孩子们相处得更融洽了，惹是生非的少了，大家更喜欢这个其乐融融的大家庭了。

　　在翻看班级日志的过程中，我发现魏×洲写到了我，文中说："自从她带了我们班，她就成了男生的'克星'，成了女生心目中最棒的teacher，有这样一位有创意的老师，我可真自豪！"王×曼写的《考试"总动员"》说：快考试了，所以妈妈给她买了许多卷子，想让她多做练习，考个好成绩。妈妈怕她心理不平衡，于是打算自己也做一份试卷，与她同甘共苦，爸爸也提议一家人一起做卷子比比谁的成绩高，结果是她考得最好。所以她呼吁各位家长不要轻视做题，也呼吁同学们做题要细心，祝大家给辛苦一学期的自己拿一个满意的成绩。我一篇篇地翻看着，有写校园生活的，有写自己的窘事的，有写美景的，有写烦恼的，有写趣事的，还有写毕业季的……

　　孩子们流露出的真挚情感一点也不做作，反而充满乐趣，勾起了我的美好回忆。每一个和孩子们相处的日子都生动起来，看到这儿，我心里不由得升起了一丝不舍和欣慰。此时我想，做教师的职业幸福感也是如此吧，平日里烦琐的工作此时也变成了一种诗意的栖息，原来这是一件这么美好的事呀！内心顿时很满足，以前的辛勤付出、内心的挣扎、烦躁、劳累一扫而空，于是我又抖擞精神，去迎接新的挑战，新的一天，新的幸福！

"有味儿"的课堂

那天，我教学第二单元第五课的古诗《舟过安仁》，讲到"怪生无雨都张伞"这句时有学生说："老师，我看插图，发现没有下雨，但两个孩子在撑伞玩，转动雨伞带出的风都把衣服吹起来了。"此语一出，我问："真是这样吗？"顿时七嘴八舌的议论声袭来，有表赞同的，有表疑问的，有表茫然的，于是我灵机一动，也取出一把伞在手中撑开转动起来，孩子们并未见其把衣服吹起来，联系下半句后恍然大悟，原来这两个孩子用伞兜风让船前进呢！孩子们就这样在自读自悟交流研讨中兴趣盎然地解决了问题，可见课堂应该是灵动的。

上完这节课，我和孩子们都感到轻松愉悦。为什么这节课变得这么"有味儿"？为什么孩子们学习兴趣这么浓厚？我想，从孩子们的兴趣入手，抓住不经意的那一瞬间，随生而动，或许就能激发孩子们更强烈的学习意愿，从而促进有效教学，才会出现高效"有味儿"的课堂。

高效"有味儿"的教学应该是悄然无痕的，"以学定教，顺学而导"是有效教学不变的法则。要让孩子成为学习活动的主人，让他们积极主动地参与学习环节，利用师生、生生对话交流过程中产生的新情境、新问题、新思路、新方法等，使课堂教学灵活生动，我们应该关注课堂随机生成的契机，随时捕捉孩子们的疑问、想法、看法等，因势利导地调整原来预设的教学内容和程序，想办法解决出现的问题，课堂才会碰撞出智慧的火花，闪现出灵性的光辉，高效"有味儿"的教学就会因生成而灵动。当我们忽略了学生成长过程中一些转瞬即逝的、学生最感兴趣的教学内容、教学情境时，当我们漠视了某堂课上的某个环节，甚至是某个孩子不经意的一个错误时，我们的课堂就不再是以孩子为主的课堂了。忽略了这些生成的精彩，我们的教学将不再灵动！

课堂教学是一个动态生成的过程，学生的思维随着教学内容的推进而不断变化，而教师的思维只有跟上学生的思维变化节奏，才能了解学生的思想动态，针对教学计划外的"突发事件"及时调整教学方案，特别是抓住学生闪现奇思妙想的瞬间，因为这就是把握课堂教学动态生成的时机。一次有意义的提问，一次有思想的课堂，一次偶然的瞬间生成会让我们的课堂充满思考和争论，让师生双方都有所收获。所以，珍视教学中临时生成的因素，巧妙地捕捉适合孩子的教学内容，睿智地进行"有味儿"的教学活动，我们的教学必将高效而精彩，也必将走入孩子们的心里！

别让"匆匆"太"匆匆"

那天，教研室的石主任来我班听课，我正好要讲朱自清先生的《匆匆》，这节课也让我思考了许久。在给上一届学生讲这一课时，我们就很激动，感触很深，我和孩子们都深深地融入了课文中，这节课让我至今记忆犹新。

而现在这个班是我五年级才接的班，中间换了好几个老师，班级缺少秩序，孩子们的表现也比较涣散。

这一课怎样上才能触及他们的内心，激发他们的内驱力呢？怎样才能让他们从此打起精神，抓紧时间做好小学毕业前的冲刺呢？我从开学起就在思索，但是我没有一开学就讲，而是在第二单元讲完后才进行。于是，上课伊始我直奔主题，让孩子们从朱自清的《匆匆》一文中找找哪些地方让他们感受到时间的短暂，再做批注、交流、朗读。

学生以为课上完了，此时我话锋一转，指着黑板上事先画好的一个大圆说："假如黑板上的这个圆代表着你一天的时间，我们多半时间在干什么？"

"睡觉。"同学们都开心地笑了，我在圆的一半处写上睡觉。

我接着问："还有什么用时多些？"

又有学生回答："学习。"

同学们嗤嗤地笑着，我也和他们一起笑起来，然后打趣地说："可是有些学生不认真学习，课后又要多花一些时间补习，做作业……"

我一边说一边把这部分浪费的时间用红笔标出来，通过标示，被同学们有意、任意、不经意浪费的时间一目了然。

在圆渐渐被占满时，孩子们发出了惊呼声，他们从没有这样计算过时间的流逝，而圆形统计图的出现却一下深化了孩子们对时间的认识。

我抓住这一刻，让孩子们谈体会，他们个个神情凝重地剖析了自己，时间匆匆飞奔而走的事实撞击着他们的内心。在《时间都去哪儿了》的音乐声中再次细细品读朱自清先生的《匆匆》一文，那朗读声中分明带着对以往浪费时间的追悔，对当下的珍惜，对未来的打算……

我和孩子们随着音乐一起读着，一起思索着……下课了，孩子们一改往日的喧腾，交作业的交作业，收拾书本的收拾书本，说话的同学也是轻言细语，仿佛看不见、抓不住的时间溜走的声音就在他们耳边滴答作响！

我想，孩子们在临近毕业时收获了珍惜时间的观念，我的教学目的也就达到了。

在给孩子们的毕业留言上我写下了这样一段话：别让时间"匆匆"太"匆匆"，学会"和时间赛跑"的人，你的人生不会差！

第二部分　守望成长　静赏花开

赏识你的学生

那天我要在平行班上一节课，上课伊始孩子们都用探寻的眼光审视着我，过了一会儿，有些孩子开始用热情的眼神迎上我的目光，渐渐地，许多孩子开始和我愉快地交流，其中一个孩子发言相当积极，只是我发现他每次的回答都是答非所问。

下课后老师们告诉我，这节课我把这孩子激活了。原来他是从不参与课堂教学的。其实每个班都会有这样的孩子，为什么他们在自己老师跟前不愿意发言呢？我思考了一下，究其原因，大概是我们对这些孩子缺乏了解，总是只看到他们身上的问题，并时不时地点出来，有时还会歧视他们，逼迫他们，这让他们产生了自卑心理。

了解一个学生就要观察他的行为，简单粗暴的语言会给学生的身心带来严重的伤害，甚至会使其产生逆反心理，他们身上出现的各种问题与其性格、成长环境有很大关系，需要对症下药。而作为老师的我们常常忽视了用赏识的眼光发现他们身上的优点，从而让孩子们在老师面前躲闪起来，不愿意表现，而一旦来了别的、不熟悉他们的老师，他们就会表现得很积极向上，想给老师留下好印象，所以孩子在不同的老师面前会有不同的表现，也说明这些孩子更需要老师赏识、关怀。

我们平时是不是对他们太苛刻了？老师对每一个孩子的爱心、耐心、赏识是多么重要！在教学中我们知道"教无定法，贵在得法"，而引导教育学生同样适用"育无定法，贵在得法"。

学会细心捕捉学生的优点，真心赏识我们的学生，是情感与反思情感之间的交流，它会丰富我们的教育梦想，让孩子们快乐成长！

美国著名心理学家波斯纳认为"经验+反思=成长"。可见，教师的成长与反思之间存在着千丝万缕的联系。

如果老师在有了一定的经验的基础上养成在教育教学实践中不断反思、分析和修正的习惯，那么他就会不断地成长，不断提升自身教育教学能力和素养。反之，如果老师只满足于自己获得的经验，而不对经验进行深入的思考，那么就算工作的时间再长，也不会有长足的进步。

孩子们在后一种老师那里，能获取的营养就非常有限，成长速度就会变得缓慢。

所以，作为老师，我们要在尊重生命规律的前提下赏识、保护孩子成长的天赋，以激发孩子内在潜力为首要目标，调整"功利心态"，这样就会实现自身和谐、家庭和谐、亲子和谐、师生和谐、班集体和谐……

我们一起DIY灯笼

今天是正月十四，这是开学的第三天，明天就是传统节日元宵节了。家长已经把买好的DIY灯笼的材料放在了我的办公桌上，这节课我就带着孩子们一起制作灯笼。

各式各样的材料被一一摆放在孩子们的桌上，我站在前面演示一步，孩子们就跟着做一步。有些孩子观察力强，看着我的示范和说明书，不一会儿就完成了；有些孩子动手能力强，左抻右拉也初见雏形；可有些孩子就不行了，看着桌子上花花绿绿的材料无从下手，愁眉苦脸地不停举手，着急得像热锅上的蚂蚁，周围同学和我轮番帮助。大概半节课后，大多数同学的灯笼都做好了，小彩灯也安装好了，他们激动地挑着一闪一闪的灯笼炫耀。终于，所有同学的灯笼都制作完成了，我让孩子们把制作好的灯笼放在桌子上，请他们说说正月十五的习俗，然后教他们念歌谣：正月里来正月正，正月十五闹花灯，耍狮子，舞大龙，提花灯，猜灯谜，圆圆的汤圆碗里盛，欢天喜地闹元宵，小朋友们拍手笑。孩子们欢快地拍手学唱着，我们一起提着灯笼走出教室，边走边唱，孩子们清脆、悦耳的声音响彻操场。

下课了，有许多孩子围过来，孩子们脸上洋溢着自豪、快乐的笑容。有几个孩子已迫不及待地把灯笼拿给别的老师看，有的老师开玩笑地说："送给我吧！"孩子们光笑不松手，说："还要拿给爸爸妈妈看呢！"

放学了，每一个孩子手中都提着灯笼，他们唱着歌谣神气地走出校门，第一时间向家长们展示了自己的劳动成果，看着他们与家长有说有笑的背影，我的童年回忆也浮上心头。第二天来学校，孩子们就围在我周围说他昨晚就提着灯笼到院子里玩了，小朋友可羡慕啦；他还教了人家唱歌谣；她还领着弟弟去玩呢，小弟弟可喜欢玩啦；他把灯笼挂在他们家的客厅里……

2018年即将进入尾声，但孩子们亲手制作的灯笼却留在了记忆里。

抢红包

新学期伊始，正赶上正月十五，怎样让孩子们尽快全身心投入学习中来呢？我想寻找一种有趣又新颖的方式来引导孩子们进入正常的学习状态。恰巧那天随手翻看朋友圈，看到朋友们晒抢到的红包，我猛地眼前一亮，我们班何不也来一次别样的抢红包，大家一定兴致很高。那要抢钱吗？不，不，不，要更有意义，对啦，红包里面装上各种祝福，这不是一举两得嘛！有了设想，认真思虑一番，我准备了八十个红包，每个红包里装了一张空白的彩纸。第二天，我把红包拿进教室，孩子们一见一沓红包握在我的手里，激动地喊着："袁老师要发红包啦！袁老师要发红包啦！"六十四双眼睛紧紧地盯着我，满脸欢喜。我笑容满面地回应他们说："是呀，就要过正月十五了，袁老师要给大家发红包，快坐好哦！"孩子们个个坐得笔直，安安静静地等着拿红包。我请小组长上来取各组的红包发给孩子们，只听先拿到红包的孩子迫不及待地打开红包嚷嚷着："红包里面不是钱，是一张纸！"消息立刻传遍了各个角落，大家纷纷打开红包，发现里面装的确实是一张纸，瞬间我感觉孩子们好像被我欺骗了一样，非常失望。我心里已经笑开了花，心想：小财迷！看着他们嘟着的小嘴、不解的眼神，我赶紧解释道："今天，袁老师发给你们的红包不同于你们在家里收到的红包。红包里的那张纸是让你写下对同学、朋友新的一年的祝福和鼓励，不要写称呼，但要在落款处写上自己的名字，明天我们全班一起抢红包，看看你能收到谁的祝福或鼓励，好不好？"孩子们舒展开小脸，兴奋地异口同声答道："好！"

第二天，孩子们齐刷刷地带回了自己的红包，我让小组长收齐交给我，然后我把所有红包放在一起打乱，挑出四个"福娃"，每人手里拿五个红包，每次请四个同学上台从他们手中分别抽取一个红包。抽红包的孩子个个神情紧张、激动，讲台下的孩子们个个焦急地伸长了脖子看着。抢到红包的孩子迅速打开红包抽出纸看着、念着，脸上浮现出或惊喜、或意外的表情。红包抢完了，大家相互看着红包里的祝福，都想知道自己的祝福送给了谁。一时间喜庆的气氛溢满了这个不大的教室。我问孩子们："你们喜欢抢红包赢祝福这项活动吗？""喜欢！""太有意思了！""我收到了同学的美好祝福。我一定会努力的！""这个红包太珍贵了，我要留好！""她写得太好了，我要向她学习。"孩子们表达着此刻的心情，我静静地听着，跟着他们一起激动着。

接着，我又让孩子们把装有写给各科老师的祝福、感激的话语的红包送给教他们的老师。老师们收到祝福红包后，念着上面的话语，连声感谢着孩子们，拥抱着他们，那快乐的瞬间深深地留在了孩子们和老师们心中。"还有保安叔叔、门卫爷爷、校长没有收到我们的祝福，他们也为我们辛勤地付出着！"有孩子提议道。我欣慰地说："你们想得真周到，知道感谢他人了，了不起，快快送去你们美好的祝福吧！"孩子们活蹦乱跳地跑出去了，我手中的红包变少了，但心里的甜蜜却越来越多。

红包一个不剩，都被抢完了，我又对孩子们说："收到别人的祝福，你获得了幸福和意外的惊喜，其实值得你感谢的人不光是学校的老师、同学和工作人员，还有你的亲人，他们对你们的照顾、关爱、呵护也应得到你们的感谢。今天回家后请把你手中的红包转送给你的家人，也把你最想说的感谢话送给他们，你愿意吗？""愿意！"响亮的回答回荡在教室里。第二天，孩子们反馈着家长接到红包后的各种反应。有的说，爸爸妈妈一人亲了一口她的小脸蛋儿；有的说，姥姥把她揽在怀里说以后还要给她做更好吃的饭菜；有的说，爸爸妈妈把她送给他们的红包晒在了亲戚群里，大家都在夸她呢……。孩子们争先恐后幸福地说着，我站在他们当中幸福地听着。

那天是正月十五，课堂上我们抢红包、迎祝福，悄悄地告别了元宵节，高高兴兴地迎来了新学期的新目标，我想孩子们会在这个好的开端下完成一个圆满的学习旅程。

抓阄写作业

四年级的孩子，写作业积极性不高，有个别孩子以各种借口不写、不交作业，面对这些孩子我很头疼。那天看着"潘多拉"的惩罚盒，突然心生一计，不如让他们以抓阄的方式在别人的作业本上写作业，两周进行一次，想想都觉得挺有趣！

第二天上完课该布置作业了，我把我的想法和要求告诉了大家："今天我们换一种方式写作业——抓阄写作业。每两周开展一次，同学们愿意吗？"孩子们七嘴八舌地问这问那，弄明白之后，一张张小脸兴奋地笑成一朵花，大家最终一致同意。

开始从我手中的大盒里闭眼抓阄抽取作业本了，同学们一组一组兴致勃勃地走上讲台抽取作业。当拿到本子的瞬间真是有人欢喜有人忧啊！你看，×畅同学激动地惊呼，原来是抽到了学习委员的本子。×杰同学站在一边笑得合不拢嘴，原来是抽到了"小书法家"的本子。"小书法家"×韦的作业本一贯书写美观，老师在他的本子上圈出的红圈圈，就像一朵朵绽开笑脸的花瓣，要在这样的"杰作"后面写上"续集"，那该是一件多么自豪的事儿！他手舞足蹈，认真地数着"小书法家"本上的红圈圈。×辰同学脸上微微有点红，不好意思地挠挠头，原来他抽到的是班长的作业本，他看了看班长本子上工整、漂亮、认真的字迹，再想想自己字迹潦草的作业，觉得有些难为情，在这样的作业后面继续写，也有些压力呢！×予同学噘着小嘴巴不吭声，原来他抽到了"马虎大王"×乐的作业本。一提起×乐，老师们都叹气，他写的作业不是"缺胳膊"就是"少腿儿"，字就像鸡爪子，又好像螃蟹爬过似的，难怪×予同学噘嘴生闷气呢！

几家欢喜，几家忧愁！看着大家迥异的表情，我嘴角含笑，等学生们慢慢静下来，我郑重地说："同学们，在别人作业本上写作业，就是要培养你们的责任心，同时也可以取长补短，不管你抽到谁的作业本，都要认真对待，如果抽到不如你的同学的作业本，请你认真书写，成为他的榜样；你若抽到写得好的同学的作业本，他就是你学习的榜样！你们之间比一比，看谁写作业的态度更加认真，大家愿意做到吗？"

我的一席话结束，孩子们开始一本正经地一笔一画地写起来，横撇竖捺，有板有眼，一丝不苟。我想平时不认真写作业、没完成作业的同学看到自己作业本上写得那么漂亮的字，会不会羞红了脸？他们以后写字的态度、学习的态度、做事的态度会不会有所转变呢？再看孩子们今天写作业格外细心，平常有的同学会在作业本上乱涂乱画，甚至还会弄出个大窟窿，可是今天那几个捣蛋鬼就像捧着宝贝似的，认真书写，写得不好就擦了再写，生怕有什么闪失。我不禁偷偷地笑了。

给孩子一个真实的相互学习的机会，比我们老师声色俱厉或苦口婆心地劝告要有实效得多，有趣得多。

批改书法练习

今天坐在办公桌前俯身再次批改孩子们的书法练习时，心中不由得生出一些感慨。翻开一本本书法练习指导书，展现在自己面前的景象却不尽相同：有的孩子的书法练习写得非常漂亮，一笔一画都横平竖直，与练习书上的字写得很像；有的孩子的书法练习，一笔一画间已有了自己独特的笔锋与字形；还有的孩子在描红时出现了重影，在仿写时字也无章可循，张牙舞爪，让人看着极不舒服。

这些不同的字迹，还真与他们平时做事的性格、态度一致。

你看平时各方面都做得井井有条的孩子，写出来的字横平竖直、方方正正，给人非常大气、整洁、舒服的感觉。

你看平时活跃、个性张扬的孩子，写出来的字每一笔都有力，无不显示着自己独有的特点。

你看平时专注力不够，自我管理能力、约束力弱的孩子，写出来的字不是软弱无力，就是不整洁，给人心烦意乱、应付、潦草之感。

孩子字写得好还是不好，关键在于其自身规则意识的强弱。小孩子做事的规则意识的建立受到家庭、学校、社会的影响。

当孩子对一件事的规则不清楚时，我们应让他们明白并遵守，只有这样，才能让他们更好地去完成这件事。同样，当孩子在练习写字时，对写字规则不清楚时，我们应该提醒他们不要轻易下笔，而要将写字当成一件必须认真对待的事情来完成，这样才能写出规范的汉字，久而久之，赏心悦目的字自然会出现在纸上。如果孩子不从小开始树立规则意识，会影响其以后的发展。

我们时常遇见放纵溺爱孩子的大人，对孩子们不按时、不认真完成作业不问不理，对别人蛮横不讲理，更对老师的批评教育熟视无睹。长此以往，孩子能有好的发展吗？孩子现在漠视规则的存在，以后步入社会真正意识到规则的重要性的时候怕是已经晚了吧。

小孩子练字时要将一笔一画写规范，要重复若干遍，即便感到枯燥了也要坚持，教师要鼓励他们描好、写好，让孩子在反复练习书写的过程中逐渐体会到熟悉书写规则才是写出漂亮字的开始。我们要让孩子从小就知道不可以丢掉做任何事的规则，要对规则有敬畏之心。

"压"和"鸭"

今天要听写词语。听写时孩子们一个个认真地写着词语，当我念完"黑压压"时，突然一只小手举起，随即发出细嫩的声音："袁老师，'黑压压'的'压'，是不是'鸭子'的'鸭'？"我一本正经地说道："当然喽！"话音刚落，就有孩子猛地抬头，一脸疑惑地望着我，还有孩子发出了"咦？"的质疑声，而那位问我的孩子从我口中得到了肯定的回答也先是一惊，转瞬眉开眼笑，毫不犹豫地低头就写。要知道，我平时听写时是从不会告诉他们答案的，于是我看着那孩子心满意足地坐下抬笔写下了个"鸭"字。我也看到有些孩子开始用橡皮擦擦掉"压"而改成"鸭"，有个别孩子还在迟疑，用怀疑的眼神观察着我脸上的变化。我不动声色，补充说了一句："谁要把这个'压'写成那个'鸭'，可要闹笑话了呀！"然而我发现我的这句话完全没有引起孩子们的注意，他们已经自动屏蔽了我接下来的任何补充，已经深信不疑了。我心想，这下子不知道有多少孩子中圈套了。我既想笑又有些无奈，居然能把"黑压压"的"压"想成"鸭子"的"鸭"。听写结束了，我快速批改着一个个本子，出错是意料之中的。

在听写中，这个词语发生错误的原因在我。首先，我在讲解词语时没有让孩子们充分理解"黑压压"的意思，也没有结合生活实际让孩子们体会"黑压压"是何种境况，它与生活中的"鸭子"没有任何关系。其次，在孩子问我时，我不该跟他开玩笑，他们对老师那么信任，对老师的一言一行那么敬重，他完全没有发现老师在欺骗他，我辜负了孩子们的信任，心中深感不安。

听写本发到孩子们的手中后，我原以为会有孩子说："袁老师，你骗我们！"然而，孩子们打开本子的一瞬间，却默默地拿出笔来改错，没有埋怨，没有指责，甚至一个不满的眼神都没有，孩子们宽容了我，让我内心更自责。

我拿起粉笔在黑板上认真地写下了"压"和"鸭"，我问他们怎么区分这两个字。孩子们纷纷举手，在字形、字义和使用上进行了彻底区分。"此'压'非彼'鸭'，一定要听清楚，想明白，可不能再上当啦！"我对孩子们说，孩子们发出了咯咯咯的笑声，这笑声一下子化解了我内心的愧疚。

"压"和"鸭"的小插曲让我进行了反思：学生对老师的信任是十足的，他们会主动向老师寻求帮助；而老师对学生的信任也应是无条件的，应该真心接纳学生，通过努力完善自我帮助学生。不应该有凌驾于学生之上的心，要让孩子们知道，老师也不是全能的，也可以质疑，老师也有出错的时候，要有一颗思辨的心。是对的要坚持，不要人云亦云；错的地方要虚心改正。我希望孩子们敢于质疑老师，老师也要掌握更多的知识，形成更高的专业素养。希望下次我的学生能不被我轻易忽悠上当，这样，我的内心就不必饱含歉意，而是为他们的自信的成长感到高兴。

一条附加的班规

又到了放学站队的时候了！每天这个时候都是孩子们嗓门最大、教室最乱的时候，我的声音根本不能让他们停止说话，所以我得想办法让他们保持安静，有序离开教室走出校门。用什么方法好呢？

苦思冥想后，我决定从班规入手。班规中已经规定：放学路队保持安静有序，但遵守的学生寥寥无几。得有一条违反班规的惩戒措施，它既要有趣，又要有效果。

抄课文不好玩，效果不佳，他们要是赖着不抄，我还得腾出时间、精力对付他们，不好！罚搞卫生？不认真搞，我还得再搞一遍。不如就让三个大家都信任的班干部在教室和必经楼层各安排一人提醒监督，凡是不遵守班规的，被记录三次就要给全班同学买好吃的。

这条附加班规公布后，效果立竿见影，放学站路队时，他们自行站好，嘴巴都闭上了，我一下子省心了不少。

可也有个别自律性差的孩子，不出三天就被罚了，乖乖带了好吃的给全班同学，从此不再因为说话而被记。不过班里又出现了第二个、第三个，直到第五个出现后，再没有谁随意讲话了。

第二部分　守望成长　静赏花开

那几天全班同学吃了不少好吃的。他们礼貌地感谢这些违反班规的同学给他们的福利，而那几个被罚的孩子也是吃一堑长一智，听着大家的道谢声感到极不好意思。

一个孩子在作文中后悔地说："这都是自找的！"渐渐地，放学路队再也没有说话声了，变得安静而有序。我的脑海中不由得冒出一句话："办法总比困难多。"

俗话说，无规矩不成方圆。我深切感受到制定有效的班规、有执行力的班规会让班级管理有序，班级管理工作就会事半功倍。

有规矩的自由使孩子们都显得活泼，没有规矩的自由使孩子们变得放肆。所以利用班规培养学生的自理能力、自立意识、自律行为就是一个最佳途径。

当然，班规还要随着班级实际情况的变化来进行调整，只要科学、公平、人性化，再加一点趣味性，避免随意和无效，奖惩有"法"可依、人人平等，孩子们自然敬畏班规，自觉遵守、约束并规范自己的言行，从而达到激励和鞭策孩子们的目的。班规是班级文化塑造的起点，它可以严格有序又不失民主自由，规范统一又不失灵动活泼。

老师的格局、老师的情绪，在某种程度上对孩子的将来也有一定的影响。一言以蔽之，不论是老师还是家长，真正地爱孩子不是放任不管，而是合理约束。

课堂上的一场思辨

部编版语文教材四年级下册第八单元是童话主题单元，其中有一篇是丹麦作家安徒生所写的《海的女儿》的结尾部分，它作为略读课文出现。

上课时，我让学生依照自学提示找出其打动人的地方，然后交流自己的感受。学生们纷纷说出令他们感动的句段，尤其是女生，发言积极踊跃。我看大家谈得差不多了，便抛出了一个问题："海的女儿为了王子纵身跳到海里，化为泡沫，你们觉得值得吗？"问题一出，孩子们睁大了眼睛，原本热闹的课堂顿时鸦雀无声。过了一会儿，有几个女生缓缓地举起手，一脸的严肃、认真，好像在做一个重要决策。我请其中一名同学发言，她说："我觉得小人鱼这样做值得！因为她为了心爱的王子心甘情愿牺牲自己，就是值得！"另一个女生说："我也觉得小人鱼这样做值得！她喜欢小王子，为了让自己喜欢的人过得幸福自己做什么都值得！"……小女生感叹着小人鱼伟大的行为，无比赞赏小人鱼的做法。此时男生们不答应了，他们听不下去了，着急地把手举得高高的，强烈要求发言，他们说："我们不赞成这种做法，原因是小王子并不爱他，她还要为小王子去死，她死了小王子也不知道，就是知道了，小王子心里只是难过而已。况且小人鱼死了，真正难过的是她的家人，而小王子并不会为此而爱上她，她死得多么不值得啊！"……
男女生为不同的观点而争论不休，我感到惊愕，原来四年级的男生、女生看
待一件事、分析一件事竟会如此不同，小小的男生理性、客观，小小的女生
内心却是感性的！爱情观天生如此啊！要不是戴着口罩，我的笑声早就传了
出去。在这场各抒己见的思辨中，有同学改变了自己的观点，再次确定值与
不值时，大多数孩子认为不值，个别孩子还是坚持己见，认为值，最后我
说："我们暂且不去评论小人鱼的做法值不值，我们只看小人鱼有什么是值
得我们学习的？"孩子们争着抢着回答："她的善良我们应该学习。""不
伤害别人我们应该学习。"……

　　课后我与同年级的老师讲述了这个有趣的教学环节，他们也很好奇，
于是也在课堂上进行了同样的话题讨论，得出的结果基本相似，老师们感叹
孩子们在不经意间长大了！课堂上的话题并没有就此结束，同年级的老师们
兴致未减，当天又把话题带到了家里，想听听家里人怎么回答。第二天一大
早，我们几个老师就开始交流汇总谈话过程，各人的回答立刻让我们狭窄的
办公室里笑声洋溢，这无疑使我们有了好心情。我们脸上挂着笑匆匆走进了
教室，开启了新的一天，我们期待孩子们即将为我们带来新的惊喜……

爱 的 致 意

　　"舐犊之情，流淌在血液里的爱和温暖。"这是部编版语文教材五年级上册第六单元导读中的一句话。这一单元共三篇课文，第一篇是梁晓声写的《慈母情深》，第二篇是吴冠中写的《父爱之舟》，第三篇是美国的巴德·舒尔伯格写的《"精彩极了"和"糟糕透了"》，这三篇课文分别写无私的母爱、深沉的父爱和父母对孩子不同的爱的方式，所以教学都要紧紧围绕"爱"这个主题展开。

　　当我教学《慈母情深》一课中的"母亲说完，立刻又坐了下去，立刻又弯曲了背，立刻又将头俯在缝纫机板上了，立刻又陷入了手脚并用的机械忙碌状态……"这句话时，我让学生想想母亲在这样一个闷热嘈杂又极端拥挤的工作环境下忙碌的样子。孩子们用"一边……一边……""一会儿……一会儿……""时而……时而……"或是一连串的动词，把母亲辛劳的工作状态表现得淋漓尽致，入情入境，于是我顺势带着同学们读："那一天我第一次发现——母亲原来是那么瘦小！那一天我第一次觉得——自己长大了，应该是一个——大人了。我——鼻子一酸，攥着钱跑了出去……"此时背景音乐《烛光里的妈妈》缓缓响起，我动情地说："梁晓声为了买一本梦寐以求的书去母亲工作的地方要钱时，看到母亲在艰辛工作，不由得心疼起母亲来，一种对母亲的愧疚之情让他'鼻子一酸'。我们在生活里都有一位慈母，她们的慈爱让我们生活无忧，你有过'鼻子一酸'的生活经历吗？伴着这首歌打开你的思绪，快快写下来吧！"孩子们一边沉思一边动笔写起来。我也不由得想起了我的母亲，无论何时何地我总能听到母亲的叮咛，中午一进家门饭菜已经摆上桌，可口的菜总是离我很近；午休时天气热她会给我开窗，天气冷她会给我加被褥；我出门时她还会催促我把桌上削好的水果吃了再走；来到学校打开包，我会时不时发现包里不是装着两个煮熟的鸡蛋，就是装着糕点或水果，她有好吃的一定要留给我尝一尝，有好用的一定要让我试试或让我拿走；我稍有不舒服，母亲会连续几天打电话问情况，不开心的时候，母亲会开导我看到它好的一面……母亲一天天苍老，一天天为我忙碌的身影让我揪心，想着想着，我不禁落泪，而歌声却依旧在耳际回荡。"妈妈我想对您说，话到嘴边又咽下，妈妈我想对您笑，眼里却点点泪花……您的黑发泛起了霜花……您的脸颊印着这多牵挂……您的腰身变得不再挺拔……您的眼睛为何失去了光华，妈妈呀，女儿已长大！"课堂上孩子们讲述着让他们"鼻子一酸"的动人经历，我们被温暖的母爱紧紧包裹着，孩子们决定今天回家后给妈妈一个大大的拥抱，并对妈妈说："我爱你！"我也决定第二天中午到母亲家吃饭，我也要这么做，就像孩子们说的那样，我也要像母亲爱我那样爱她，关心她，守护她。

紧接着第二篇课文《父爱之舟》开讲了，文章的字里行间流露着父子的温情，一个个场景展现得感人至深，孩子们一遍遍地读着，一遍遍地感受着父亲深沉的爱。我当堂播放筷子兄弟唱的《父亲》这首歌，要求他们静静地听，歌中唱道："总是向你索取，却不曾说谢谢你，直到长大以后，才懂得你的不容易，每次离开总是装作轻松的样子，微笑着说回去吧，转身泪湿眼底。多想和从前一样，牵着你温暖的手掌，可是你不在我身旁，托清风捎去安康，时光时光慢些吧，不要再让你变老了，我愿用我一切换你岁月长留，一生要强的爸爸，我能为你做些什么，微不足道的关心收下吧！谢谢你做的一切，双手撑起我们的家，总是竭尽所有，把最好的给我，我是你的骄傲吗？还在为我而担心吗？你牵挂的孩子啊，长大啦！感谢一路上有你！"歌词唱出了我们心底的情感，孩子们在这首歌的背景音乐里诉说着爸爸为自己做的点点滴滴。孩子们饱含真情地写道：

"这一次，父亲说的话我相信了，因为听完这句话，我的心也一样舒服、暖和，我偷偷地哭了。这次的哭，是真正心酸的哭，是真正愧疚的哭，是真正体会到父爱的哭……"

"当看见他有了几根白发时，我不禁鼻子一酸……再次醒来时，枕边一片湿……"

"那是我第一次因心疼大人而哭，那次以后，我再也没有跟大人斗过嘴了。"

"那是我第一次觉得爸爸那么脆弱！"

"爸爸见我病情没有好转，立刻穿上棉衣，戴上手套，穿好鞋子，飞速奔出门外去买药。"

"父亲一生都在为孩子做基石，把孩子使劲儿向最理想的高度托举，托着托着，不知不觉间自己的头发就白了，人也变老了！"

他们认真地读着，我静静地听着，我的思绪被拉回了几年前。父亲得了一场大病，我每天奔波在学校和医院之间，每天心中都极为不安，怕看到检查结果，怕看到躺在病床上无力的父亲和触碰到母亲无助又忧伤的眼神。那一刻我才真正长大了，我才知道父母真的老了，我已经长大了，该我照顾、安慰、关心他们了，我应竭尽所能把最好的给他们！我只做了我该做的，然而父母的话语中、眼神中却流露着对孩子太多的歉意、不舍和心疼，我这微不足道的照顾比起父母对我一如既往的呵护又算什么呢？

我和孩子们彼此交流着深埋在心底的往事，不由得泣不成声，我们被父母含辛茹苦的养育之恩感动着，后悔自己曾经对父母做过的不敬之举，懊悔和感恩之情充满内心。那一刻我们蓦地懂得，我们哪有理由不敬重、孝敬我们最爱的父母呢！

　　课虽结束了，但引领孩子们进行深入思考这件事还没有结束。父母对孩子的爱是无私的、真诚的，但也有一些父母以爱孩子的名义给孩子的成长造成了困扰，我给孩子们出了一道辩题："你最喜欢什么样的父母之爱"，请孩子们结合自己的生活体验写出论点，举出论据。课堂上，孩子们似乎有许多话要说，他们频频举手，各抒己见。有的孩子说："陪伴孩子的爱是最珍贵的，这才是真爱。"有的孩子说："我喜欢严慈相济的爱，过度溺爱会让我们失去一些应有的自理能力，如果过度严厉会让我们失去做事的信心，总是有自责心理，总觉得自己做什么都不对。"有的孩子说："慈爱和严爱好比两股风，一股是温和的风，另一股是狂风。如果少了温和的风，我们会被狂风打击，留下心理阴影；如果少了狂风，那么我们在人生当中就不会受到启发和锻炼。而我又好比是两股风中的一条小船，只有两边风力均匀，我才能不偏离航向，努力向前行驶，不会飘飘然，也不会气馁。"也有的孩子说："严厉太过就变成了苛刻，慈爱太过就变成了纵容，孔子云：'过犹不及。'所以我最喜欢父母理性的爱。比如当我考试不理想时，他们可以宽容理解，鼓励我继续努力；当我取得好成绩时，他们会提醒我谦虚谨慎，戒骄戒躁，尝试与孩子做朋友。"还有孩子倾向于严爱，举出了美国第一任总统乔治·华盛顿小时候的故事来说明严爱的好处，举出自己的父母采用言传身教的爱的方式来影响他，教育他……

　　孩子们发自内心的倾诉突然让我感到他们成长了，有自己独立的思想了，给我们上了一堂极好的育儿课。家长们看到孩子们在用心和他们交流，不禁反思着自己的教育方式，有家长表示：有时候我们真该放下自己当家长的身份，以朋友的身份走进孩子们的心里，听听孩子们的心声，他们真的长大了！是啊！不论老师还是家长，都是对孩子成长有重大影响的人。很多时候我们应该走一走，停一停，听一听孩子们内心的想法，孩子们需要的并不多，老师、家长教育他们、爱他们的最好方式就是：严爱有加+陪伴+理智的情感。在与孩子们朝夕相伴的时光里，你会发现，往往是纯真的孩子促使我们成为好家长、好老师，难道不是吗？

挣钱不容易

学完部编版语文教材五年级上册第六单元"父母之爱"的主题课文后，孩子们把感受到的父母的爱写了下来，也表达出了自己最喜欢的父母爱的表达方式，但我总觉得少了点儿什么。少了什么？体验！对，孩子们少了体验父母的不容易，怎能真正爱父母、懂父母？慎重考虑后，我决定给孩子们布置一项别致的周末作业，我扫视着全班同学说："今天，老师给同学们布置一项特殊的任务，你们能完成吗？"孩子们睁大了眼睛说："能！是什么任务啊？"我神秘地说："利用周末两天时间给自己的父母挣一元钱……"还没等我说完教室里就炸开了锅，一个孩子高声说："那我去卖废品，一会儿就能挣到不止一元钱呢！"又一个孩子嚷："我帮父母打扫家里的卫生，我爸妈就会给我钱！"说完还得意地昂了昂头。另一个孩子傻乎乎地说："我有钱！过年的压岁钱、平时的零花钱都在我的存钱罐里，我拿给爸妈就行啦！"……教室里的热议声不断，我提高音量接着说："我布置的这项任务是有条件的，给父母挣的这一元钱不准是卖废品所得，不准挣自己父母的钱，不准动自己的存款，只能靠自己的能力想办法去挣得。"

孩子们一下安静了下来，开始谋划挣钱的方式，我带着得意的微笑走开了。周一刚到校，每个孩子眼里都闪着兴奋的光，脸上挂着自豪的笑，开始给我讲述他们的挣钱之道。每个孩子都有收获，一节课的时间根本不够他们叙述自己挣钱的经过，课后我翻开孩子们一篇篇有感而发的文章，既惊叹，又在心里为他们拍手叫好。惊叹是没想到孩子们利用自身的特长、五花八门的能耐挣得了不止一元钱；拍手叫好是因为孩子们的勇气、智慧，"八仙过海，各显神通"的本领不得不让我为他们竖起大拇指。

赵×泽写道："挣钱不易！我想到楼下小卖部给老板扫地挣钱，结果被老板毫不留情地拒绝了，我有些失落，心想还可以找什么工作呢？我拿了家里的报纸去卖，不但一份没有卖出去，还被狗给撞了一下，我心灰意冷，想放弃了……我求老板把我留下……我鼓足勇气又试了一次……成功时我高兴得要命，我发现父母挣钱真的不容易啊！我挣这一元钱竟如此绞尽脑汁，费尽周折，感受到了挫折、失落和嘲笑……"

吕×霈写道："大街上人来人往，可是我的脑袋里却如白纸一般空白，看着一个又一个走过的人，我怀里像揣了一只兔子，忐忑不安，最后终于鼓起勇气对店主说……一阵沉默后，他忽然笑着问我多少钱，我心头的大石头终于落下……我拿着卖报纸的钱，心中有说不尽的感激，慌乱中只鞠了一躬，今天卖报让我体会到了父母挣钱不容易，心中有几许赞叹、几许爱意、几许感激和一些愧疚之情，我不禁热泪盈眶。"

刘×写道："我们刚开始特别兴奋，一路上边走边说，我们在大桥上选了一个我们自认为不错的地方开始叫卖。然而事情并不像我们想得那么简单，天桥上的人是很多，但很多人看都不看我们一眼，更别说买了。有几个人看了几眼就走了，我们只好举着牌子一脸尴尬地站在路边……。有个阿姨买了张×多的爆米花和我的一本书，我真是太感谢那位阿姨了……。唉，啥时候我才能把这些本子和书卖出去呀？我虽然只挣到了五元钱，但这也是靠我的努力挣来的，我也感受到了挣钱的不容易，我要好好学习，不想以后挣钱那么困难。"

……

一篇篇饱含自己挣钱不易的心酸体验的文章表明，孩子终于从内心深处体会和理解了自己的父母，感恩之情是发自内心的，之前所缺少的真正触动孩子们心弦的情感体验也及时弥补上了。这样我才觉得达到了教学的目的，心里着实踏实了，我肯定和赞扬了孩子们的努力和他们现阶段所具有的能力，同时我也真诚地告诉他们："我们对父母所做的一切都是那么微不足道，总有一天你会恍然大悟，父母是你花心思、花时间最少，却最爱你的人！"

　　下课铃响了，我走在回办公室的路上，心中不由得冒出那句富有教育哲理的话来："教育的本质意味着一棵树摇动另一棵树，一朵云推动另一朵云，一个灵魂唤醒另一个灵魂。"

"辩"起来

　　说起辩论，我还没有正式组织孩子们进行过一场辩论。我知道辩论是一种很好的锻炼学生思辨能力、应变能力、明辨是非能力、倾听能力以及对学生进行口才、心理素质训练的好手段。我们的语文课如果能够加入辩论内容，不但能激发孩子们的兴趣，还能有效地解决难理解的重难点部分。平时孩子们很喜欢这种争论，在唇枪舌剑中孩子们都有机会发表自己的见解。上完《只有一个地球》一课后，我问孩子们："我们人类究竟可不可以移居到另一个星球呢？"学生立刻分为正、反两个"战队"，正方认为可以移居，反方则认为不可以移居，两方都根据自己的观点，搜罗着自己从课本上或课外寻找到的证据，以驳倒对方。

　　正方说：可以造光速车，乘光速车移居别的星球。

　　反方说：光速车还没有造出来。

　　紧接着反方又从课本上找证据补充说：课本上明明说，即使是光速也要走20多年，这不明摆着吗，光速车还是要走20多年，乘坐20多年，人都老了！

　　教室里响起了一片笑声！

正方的同学赶紧解围说：随着科技的发展，我们的科学技术日新月异，以后一定可以造出来。

虽然孩子们的第一次辩论显得稚嫩一些，抓不住重点，甚至像赌气般的吵架，但他们学习的热情、思维被调动起来的样子深深感染着我，我给孩子们总结了辩论当中出现的一些问题和辩论时的一些小技巧，孩子们听得很仔细，情绪高涨，要求再来一场辩论赛。孩子们有需求时，我就应该尽力去满足，何况是这么有意义的需求。我要在我的课堂上多给他们辩论的空间，提供辩论的机会，做适时的引导，孩子们的能力会有一个飞跃，看待问题、分析问题、解决问题都会有不一样的表现，耽误几节课又何妨？让孩子们在主动学习中得到能力的提升更加重要。于是我结合孩子们的生活实际想了一个辩题："报补习班重要不重要？"这个话题与每个孩子都息息相关，他们有真实的体验，一定有话说。这次我提前布置，让孩子们做好充分的准备。课堂上正反两方激烈交战，有观点、有充足的论证，争着站起来辩论的同学因激动而个个小脸红扑扑的，坐着听的孩子也频频点头、掌声热烈……

一节课40分钟眨眼就过去了，可孩子们还意犹未尽，争论不休。课后他们还三五成群地边走边辩着。我被他们的激情所感染，干脆接着举办第二场、第三场辩论，不过这次请班委商量辩题，出两个大家感兴趣的话题、特别想讨论的话题。下午放学前商量好的辩题出来了，小班委很细心，商量制定出来三个辩题，最终我们确定了两个，一个是"乖孩子就是好孩子吗"，另一个是"小学生应不应该带电话手表"。这两次辩论赛非常精彩，比我想象中要更加激动人心。在每场的辩论当中我都会叫一些能力较弱的孩子，他们表现不算很突出，但是我觉得他们至少超越了原来的自己，因为他们以前总是很胆小，很自卑，不敢在公共场合大声说话。这次他们鼓起了勇气，在辩论中明确地表达了自己的观点，也反驳了对方的观点，这确实是一次巨大的进步，也提高了他们的胆量，让他们有了展示的冲动。

我们连续三天举办了三场辩论，场场精彩不断，笑声不断，掌声不断。我把现场辩论的实况录下来发在班级群里，家长在场外观看着孩子们的表现，点赞和评论一时霸屏。家长在孩子们的思辨中了解了孩子的真实想法，有助于改变教育孩子的方式方法，看到孩子不同的一面；孩子们则在一场场的辩论中收获着知识与能力，分析问题、解决问题的能力有了很大提升，与他人的关系也友好了许多。辩论赛结束了，可是辩论的那一股热情仍然在大家的内心涌动，这次辩论赛不但给了孩子们很大的启发，也让我对孩子们有了更多的了解。

辩论会占用几堂语文课，但是我发现通过这几场辩论会，班上的每一个孩子不仅得到了辩题的答案，也在寻找答案的过程中改变了自己，这才是辩论会后真正的精彩，辩论会后真正的收获。

指尖上的春光

村　　居

〔清〕高　鼎

草长莺飞二月天，拂堤杨柳醉春烟。

儿童散学归来早，忙趁东风放纸鸢。

　　春光正好，我要带孩子们去放风筝喽！我们蹦蹦跳跳地如林间雀跃的小鸟，来到操场，展开风筝，支上骨架，摆开颜料，随着自己的心意开始涂鸦。有的孩子把小黄人涂成了蓝精灵，有的孩子把稻草人涂得像小花猫，还有的把美少女涂成了外星人……。孩子们认真涂着，让自己神奇的想象力流淌在笔尖。

　　风筝涂鸦结束，开始放飞风筝，只见孩子们像一阵风似的飞跑起来，手中牵着的风筝摇摇晃晃飞了起来。不一会儿，天空中飘起了各式各样的风筝，它们像春姑娘派来的使者，带着春的信息，颤颤悠悠，互比高低；带着孩子们的梦想和欢笑向着蓝天，向着白云，向着未来展翅飞翔。孩子们三三两两兴致勃勃，全神贯注地放着风筝，他们你追我赶，和同伴比试谁的风筝飞得高，风筝也像在跟他们开玩笑似的一会儿高，一会儿低，像在跳舞，又像在聊天。瞧，于×皓是我们班最高的孩子，他手里紧紧攥着线绳东一拉，西一扯，边跑还边回头看，风筝在他身后飘飘忽忽，无精打采地一头栽下去，气得小伙子直数落风筝飞不起来！嘿，那边两个孩子的风筝线又缠在一起了，俩人又着急又认真地分着细绳，别提多懊丧了。旁边的孩子还真会玩，他们为了避免线绳缠绕到一起，约定一人一个赛道比赛，看谁的风筝飞得高。预备，跑！两人扯着手中的风筝向着终点冲刺，风筝也似在空中较劲，此高彼低，此低彼高，互不相让。那是谁的风筝已经飞到了三层楼高，大家一阵欢呼，原来高手是周×言呀，孩子们纷纷向他讨教经验，他则是一脸的真诚，一脸的自豪。金×妍如因为生病请假，第二天一来学校就对我说："昨天请假我都后悔死了，我在家待得又着急又羡慕，真想当时就来学校。"

　　仰望着瓦蓝瓦蓝的天，看着身边奔跑的孩子们，我突然想，如果学生是风筝，那作为教师的我们就是放风筝的人。六年之后，手中牵着的一个个风筝就要飞走，心中不觉有些不舍。但一个放风筝的人纵使心有不舍，也要慢慢放出手中的线，让他们看到更广阔的世界，去经历更多新奇的事情，去体验更美好的生活。我已经看到孩子们正伸开双臂用探寻的目光去尝试在空中翱翔，我愿意做风筝的守护者。著名小说家陀思妥耶夫斯基曾说过："和小孩在一起，可以拯救你的灵魂。"确实，如果学生是风筝，那就如同作家卡勒德·胡赛尼笔下《追风筝的人》里面的风筝一样，象征着教师心灵上的救赎。不同的是这里的风筝救赎的是放风筝的人的耐心、细心和包容心。老师心中有爱，有颗纯真的童心，才能使风筝在这片天空自由自在地翱翔，我们也才能从中获得更多的满足感和幸福感。

三月，让心与绿一起舞动

　　这周一是3月12日植树节，我和孩子们约定要栽种盆花。下午，孩子们按小组分工，带来了需要的花盆、土、植物、小铲子、塑料布。我给孩子们讲解了一下栽种的步骤。随后，我们就带上东西到楼下小花园处亲自实践了。

　　孩子们雀飞般跑着来到了指定地点，我赶紧给每个小组分好实验基地。大家马上开始行动，铺的铺，摆的摆，忙得不亦乐乎，早把我这位老师忘了。我东瞅瞅西看看，这边说说，那边拍拍。每个孩子都显示出一股认真劲儿，显得那么可爱。他们一边商量着，一边忙活着，有的往花盆里填土，有的扶着花苗，有的看看是否栽种到花盆中间，大家相互配合默契、有序，只听见"哎，哎，花有点歪了，往我这边扶点！""快，再添点土，小苗没有站稳！""别急别急，咱们还没有把土压实呢！"各种指挥声在我耳边响起，门卫爷爷和保安也被他们吸引来，帮助他们把盆花栽种得更好。在大家七嘴八舌、手忙脚乱下一盆盆花渐渐栽种完毕。孩子们围到我跟前，手捧着花盆，仰着激动的笑脸叫嚷着："袁老师，我们小组的花栽种好了！""真棒，好漂亮的花啊！"我由衷地夸奖着。不一会儿更多的盆花举到了我的面前，生怕我看不到。看着一盆盆各色各样的盆栽植物，我对他们说："真了不起，你们为这些植物找到了新家，它们会在你们亲手呵护下茁壮成长的！"孩子们点着头说："我们会好好照顾它的！"

一时间教室里一下子多了十来盆新鲜植物，教室仿佛被点亮了，更被孩子们高涨的劳动热情激活了，孩子们围着自己亲手栽种的盆花迟迟不肯离去，那留恋的眼神好似在看护一件宝物，欣赏不够。我也即兴作了两句诗送给孩子们，表扬他们的劳动成果："忽如一夜春风来，小小盆花绽春色。"

孩子们在自己的日记中留下了一段段优美的文字："暖暖的阳光照着我们……贾×宁一手扶着花苗，一手抓住花盆，我和杨×嘉赶紧往花盆里填土并用手把土压实。一会儿工夫，花苗就稳稳当当地'站'在花盆里了，大口大口地喝着清澈的水……其他各组的同学们也积极地投入到这项工作中，有的提水，有的松土，还有的扶苗压土……各种花草摆满了教室的窗台，温暖的阳光照进教室，一片片绿色生机勃勃，还有老师和我们灿烂的笑容。""阳光下，一盆盆植物有了新家。明亮的教室里，那一盆盆绿色的小苗高兴地舒展枝叶。这次盆栽活动让我爱上了分享、合作、劳动。""小花苗每天听着我们的读书声，还有我们的欢笑声，我想它一定和我们一样开心。""我们懂得了：团结是一种力量。只有大家团结互助，才能做好每一件事。""我们四个人看着自己亲手种的小花苗能够茁壮成长，心里别提有多高兴啦！""微风吹来，小盆栽们摇晃着身体，仿佛在说：'谢谢你们！'"

在这三月春风迎面扑来的日子里，万物开始生长，带着勃勃的生机，生机迸发出不屈的生命力。此时让孩子们去栽种绿色，栽种下一棵棵绿色的小芽，让小芽和他们一起成长，让孩子们的心与绿意一起舞动……

第三部分

情在左　爱在右

03

日本松浦弥太郎写了一首诗《不等待》：
不是等待某人向自己搭话，而是自己先开口；
不是等待对方改变，而是从自己开始转变。

改变了自己，你的世界也会因此发生变化，正如，你若成长，事事可成长。

人非圣贤，孰能无过

——折纸枪事件

人非圣贤，孰能无过。再好的学生也有犯错的时候，再差的学生也有闪光的一面。放大学生的优点并非忽略、漠视学生的缺点，学生犯错的时候也是教育的好时机。我们应抓住这个时机，分析学生犯错的原因，了解其内心需要，巧妙地引导，让学生的兴趣迁移，变坏事为好事，在纠错中前进。

记得有一段时间，班长告诉我，课后有许多学生拿纸折枪玩。有的学生甚至撕作业本折枪。听她汇报后，我注意观察了一下班上的男生，他们几乎人人桌肚中都堆着大小不一的纸。在我正拿不定主意的时候，数学老师气冲冲地走过来，把手中的一把拼装好的和一把没拼装的纸枪放在我面前，生气地说："你看看，上课不听讲，在桌下搞小动作，摆弄这些东西！"看来确实应该制止这种行为。上课时，我立即召开班会，强调折纸枪影响学习，以后不许再折，否则一律没收。

后来几天，我在教室再也没有看到纸枪的踪影，心中暗自高兴，心想：没有规矩不成方圆嘛。可是好景不长，学生又在其他课上搞起了小动作，并且在楼道中玩起了枪战。看来强制命令是不能解决根本问题的，应该开展一项活动来疏导。

星期五下午，我布置的作业是折纸枪。我的决定使同学们大为吃惊，他们瞪着眼睛看着我，似乎在求证是真是假。我立即诚恳地向他们解释道："喜欢动手折纸并没有错，下星期一咱们举行枪展比赛，拼装的材料必须是废物利用，不能买零件，更不能买拼装玩具。看哪位同学拼得好，看谁最有创意。"我的一席话使同学们一阵欢呼，他们个个摩拳擦掌，跃跃欲试。

星期一，我班如期举行"巧手创新大赛"。以小组为单位，分工合作，在规定的时间内完成作品。准备就绪，我一声令下，只见同学们全神贯注，画的画，粘的粘，折的折，配合默契，有条不紊，一会儿工夫纸枪已初见雏形。

比赛结束，各组的作品五花八门、别具一格，再请各组的讲解员进行介绍，大家共同参评选出优胜者。但不管是获奖的，还是没有获奖的，同学们的脸上都露出满足的微笑。那周同学们日记的内容大多是这次特殊的比赛，语言流畅，内容真切、生动。其中我们班的捣蛋鬼许×璋在日记中写道："这次比赛，虽然我们组没有获得冠军，但我心中却十分高兴，因为我从中感受到生活的乐趣无处不在，有创新、变废为宝更有意义！"从此以后我班再也没有出现上课玩纸枪的现象了。

对待学生的错误要有一颗宽容的心。宽容是爱的甘露，再加上老师耐心、细致的引导，犯错学生的心灵会得到滋润和营养。我们要用发展的眼光来看学生，对那些犯错的学生要倍加爱护和引导。因为学生的成长是不定型的，他们每一个人都是复杂、多变的个体。老师眼中的错未必就是错。我们不能把学生的好奇、好动看成不守纪律；也不能把学生贪玩、忘了做作业看成懒惰……我们要想办法让他们"主动"起来，在动中发展，满足好奇心；让他们"合作"起来，在玩中成长、受启迪；让他们"思索"起来，在创新中、竞争中发生改变。这样学生才会在一个个纠错中不断前进、成长，班级才能充满阳光，焕发活力，老师才能更加轻松、愉悦。

"捡"回来的自尊

苏霍姆林斯基说："没有自我尊重，就没有道德的纯洁性和丰富的个性精神。对自身的尊重、荣誉感、自豪感、自尊心——这是一块磨炼细腻的感情的砺石。但是，为了在正在成长的人身上培养自我尊重感，教育者自己应该深深地尊重自己的教育对象的个性。"

我们年级有个孩子叫周×轩，他习惯差，行为差，学习差，家长不怎么管，那次我上完课回到办公室，看到地上、窗台上到处是纸片，原本整洁的办公室显得格外凌乱。我问办公室里的孩子谁刚才在这写作业了，孩子们争着说是六（3）班周×轩！我刚想发火，弯腰捡纸，转念一想我捡了，下次他还会乱扔，没作用。但我若把他叫来训斥一顿，他再翻我几个白眼，我岂不是气上加气？更严重的是我当面揭了他的短，他今后会更没有自尊。根据马斯洛的需求层次理论，自尊心是人类的基本需求，是种源动力，没有这种驱使，人类便会停止不前，失去自我价值。思考再三后，我让孩子们把他叫来，不一会儿他来了，我让其他孩子回教室，办公室里只剩下了我和他。他有些茫然，我故意一边忙自己的事，一边对他说："刚才同学们说你在这里写作业了，我看到窗台上、地上都有纸，我不知道是不是有用的，所以没敢扔，你看看？"他先是一愣，接着"哦"了一声，小声嘟囔说都不用了。然后快速抓起窗台上的几张废纸又迅速捡起地上的纸，不时还用眼睛搜索着地上的小纸渣，最后不管是他的还是不是他的，他都认真捡干净了。看着这个平时出了名的顽劣孩子，我想到教育工作者邹韬奋说过的一句话："自尊心是进步之母，自贱心是堕落之源，故自尊心不可无，自贱心不可有。"我想只要我们耐下性子尊重孩子，孩子也会把自己丢掉的自尊"捡"回来。

孩子们身上的问题多种多样，但老师在批评、教育时应以理服人，不宜简单粗暴，避免使用消极的语言去批评孩子。智慧的老师懂得批评的目的在于让孩子知道怎样做才不至于再犯错误，所以从不轻易对孩子发怒。要想办法启发孩子自己来纠正错误，使孩子在困难面前不退缩，增强自信心。

老师越是和颜悦色地批评，越能消除孩子的紧张心理，使孩子在内心感激老师的谅解，从而在小的过失中吸取一些有价值的教训，这样既能保护孩子的自尊心，又能达到良好的效果。

尊重学生是打开学生心扉的第一把金钥匙，没有尊重就没有爱，就没有教育，还真是这个理！

替 你 保 密

　　那是毕业前夕，天气有些闷热，人也有些烦躁，突然大队部的李娜老师来找我，说从我班的窗户里飞出一个空饮料瓶，我很惊诧、愤怒，幸好掉在了路边老爷爷的脚前，不然后果不堪设想。此时正要放学，我来不及调查，只见李老师大步走到广播室，拿了一个话筒，又走到六年级站队的区域，把这件事说了，然后一字一顿地说："是谁做错了，就要勇敢承认，请你之后悄悄来找我。"同学们离校了，我走在回家的路上正琢磨这件事时电话响了，李老师告诉我的确是我班学生所为，并且这个学生已经向她承认了错误，李老师也答应替他保密，连我也不告诉，我下午利用课前时间再次讲了安全问题，同时也为李老师的做法叫好。

　　老师能替犯错误的孩子保密，孩子的人格得到了尊重，无论对于眼前的学习还是日后的长久发展，都是大有裨益的。人性中最本质的渴求——渴望得到别人的尊重。其实每个孩子的心灵深处最强烈的渴求和所有成年人一样，就是希望得到别人的尊重。得到尊重是学生生命成长的无形阳光、空气和水。对于有错误行为的学生，批评和惩罚虽然能短暂约束他们，但只能告诉他们不应该做什么，而没有告诉他们该怎样做才能弥补自己错误行为造成的后果，孩子很可能既失去了"面子"，人格尊严又受到一定的损害，他们希望得到的是尊重和赏识，而不是批评和惩罚，否则，事情有可能会发展得更糟糕。老师尊重孩子，信任孩子，宽容孩子，恰当地提醒和鼓励，不仅使学生明确该做什么，不该做什么，帮助孩子纠正自己的错误，引导孩子主动改掉不良行为，孩子就会感到老师是在乎他的，就会觉得老师值得信赖，从而"亲其师，信其道"。老师替孩子保守秘密不但会使孩子自觉产生自责感，还会使其产生主动承担错误的勇气，从而真正认识到错误，积极改正错误。孩子的觉悟，好的品质、行为都会被激发出来，"他律"就变成了"自律"，而我们要做的就是让他们认识到错误，从心底里懊悔，让他们变得有自尊，在自尊中发生改变。这样，教师才能真正做到"一切为了学生，为了学生的一切"。

在变革中让勤奋的种子发芽

　　读了台湾作家小野写的《改变力》一书后，我回想了一下自己的工作，发现在教育学生的过程中遭遇的困境都来自因循守旧，而世界瞬息万变，教育者不能裹足不前，只有积极寻求改变，才能掌握教育学生的主动权。

　　为了营造积极进取的班级氛围，抓好班级常规管理，培养学生的行为习惯，让勤奋的种子在孩子的心里生根发芽，我想了很多方法，但都收效甚微。更令我头痛的是，学生作业不认真做，不论是家庭作业还是课堂作业，都是在应付老师，有的学生甚至不完成作业，其学习效果可想而知。我想改变，在各种变革中不断尝试、体验。我不着急得到一个有效的答案，而是一步步地思考，这才能从多种方式中找到最适合的方法，从而达成自己最想要的改变。思来想去，我认为学生不做作业也得有不做的条件，我得想办法调动孩子们的学习积极性，奖励那些做作业认真、及时、有效率的孩子；同时也为了刺激、约束那些不爱做作业、不想做作业的孩子，给他们一个督促、一个不做作业的合理理由，我特别制作了"免作业券"，并将其作为一项奖励，以测试成绩为优、累积的印章达到一定数目、有突出表现、团队合作得好等很多方面为依据，符合条件的学生就可以得到它。达到标准后领取有效证券，就可以免写当天的作业。从此学生的主动性和进取心明显增强了，做作业也认真了许多，平时的测验也重视了许多，不完成作业的现象少了，课堂听讲也专注了许多……。这招果然奏效，也有可持续性，并且免作业的种类有弹性，完全由我说了算，一切尽在我的掌握中。学生也觉得公平合理，其他学生看到被免作业的学生一脸兴奋的样子极其羡慕，下次他也会想尽办法争取获得"免作业券"。"免作业券"的出现使我省心省神不少，我不必再今天追着学生补作业，明天追着学生要本子。我把这个好办法告诉了同事，同事当即提出异议："办法挺好，你就不怕他们造假？"的确，刚开始实施时我有过这样的担忧，于是我留心记了一下谁拿到了免作业券，每次做到心中有数。一段时间后我发现是自己多虑了，这未免有点以小人之心度君子之腹了。学生主动告诉我，我印刷的"免作业券"有误，"券"打印成了"劵"，撇出头了，如果重新印刷就会造成浪费，我当即对大家说："老师的审核粗心致使'免作业券'出现错误，那么这个错版的'免作业券'就是我们班独有的防伪标识，大家同意吗？"班上的同学不但区分开了"券"和"劵"，也同意继续发行错误的"免作业券"，这样更激起了不少学生积极争取的心，他们要收藏错版的"免作业券"！在这一过程中，没有一个学生仿造，因为有同学们雪亮的眼睛监督着，因为他们知道只有靠自己的努力得来的奖励才最有意义、最甜蜜。"免作业券"实行以后，孩子们逐渐认识到自己不光要努力学习，还要在德、能、勤、技上全面发展。孩子们很积极，很努力，很珍惜，这项活动极大地调动了全班学生做事的积极性，改变了他们做事的态度。他们明白，要公平地对待不同层次的同学，学会尊重他人。在榜样的带动下，更多的学生加入了奋进的行列，现在班上每一位学生都在为拥有一张梦寐以求的"免作业券"努力着。这次的变革不光让学生发生了改变，也让我感知到有效的教育方法可以产生更多的可能性。

我相信孩子们在这场变革中会让勤奋的种子绽放出收获的花蕾；我也仿佛看到孩子们迎接收获时雀跃的身影……

班主任要学会自生长

偶然间在一本教育书刊上看到一篇《班主任要学会自生长》的文章，它一下让我回想起了那次的经历。

时光如白驹过隙，转眼间工作室已成立两年，名班主任工作室成立以来，我和工作室的各位成员在工作中努力学习并一步步探索着、尝试着、反思着如何做一名好的班主任。在日复一日的打磨中，我们心中逐渐充满了教育情怀，我们把学生的需要放在首位，多了一些思考，多了一些方法，多了一些执着……

"不是在上课，就是走在去上课的路上。"这句话常常听班主任们说起，自己也感同身受，班主任不光累和苦，还有心酸，我们为学生付出着，不计回报，尽职尽责，但有时各种各样的刁蛮家长让我们的内心感到委屈、气愤。

一年级新生入校，我班有63位小朋友，为了让孩子们感受到集体的力量、帮助他人的快乐，以及感受校园生活的丰富多彩，我决定与二年级的一个班一起开展一个同农村小学手拉手的"庆十一，共读书"活动。我们两个班的班主任和家委会在一起认真、仔细地商讨活动的安排，经过大家的商议，最后拟定了活动方案，在得到了校领导和局领导的批准后，两个班在班主任和家委会的组织下进行了赠书的前期工作——我们给班上的每一位同学讲明活动的目的和参与活动的方式，然后在班级群中向各位家长做了详细的活动通报，班级内自愿捐赠活动在班主任和家委会的协同下有序进行着，与此同时，把孩子们的这一善举录制成视频。由于我们班的孩子年龄小，再加上受捐赠的农村小学全校学生加起来还不足我们一个班的人数多，路程也有点远，为了保证孩子们的安全，最后大家决定，二年级的孩子可以多带两个，我们一年级的孩子只带三个，并且由这三个孩子的家长全程陪同。人数、车辆等一切后续工作安排停当后，9月27日，我们带领着两个班的学生代表及他们的家长把每一个孩子的心意送到了那所农村学校。校长热情迎接了我们，学生代表转达了两个班全体学生的心意，并且亲自把物品交到了农村学校孩子们的手中。孩子们参观了他们的校园，走进了他们的教室，与那里的孩子拉起了手，聊起了天，每一个瞬间我们都拍摄下来，并及时把照片上传到班级群中与其他家长和学生一起分享，让所有的孩子们感受"赠人玫瑰，手有余香"的快乐。紧张又劳累的一下午很快结束了，在家委会的相互配合下，老师、家长和孩子们披着暮色安全回到了家。

我正琢磨着第二天让这三个学生代表给全班学生讲讲他们看到的农村学生在校学习的条件和感受，好让他们知道他们的条件有多优越，爸爸妈妈在身边呵护有多幸福……

然而不承想，班级群里跳出一条信息，是卓卓的爸爸，内容大致是这样的：

我是西北民族大学的老师，为了以后更好地组织此类有益的活动，我想问一下，便于总结经验。①今天去了哪几位家长，哪几位小朋友？我们也捐了物品为什么没让我们去？这些名单是怎样确定的？②今天这类活动是否可以提前告诉大家一下，以便家长请您带去更多的祝福？这样更有意义。您能否就这次活动的前前后后给大家讲讲，以便我们家长更好地受教育，以便于我们更好地教育孩子？③既然这次活动组织得这么圆满，还有后续活动吗？您是我们一（1）班家长的主心骨和灵魂，请您解答一下！

看着长长的一段信息，我愣了，我怒了，我委屈了！十分钟后家委会回复了他，可他还是因为没带他的孩子去而不满意，我很无奈，很气愤，家委会也很生气，我真想质问他：你让孩子自愿参加献爱心的初心是什么？是谁忘了初衷？我冲动地拿起了手机，可转念一想，几十年的班主任工作让我知道班主任的一言一行对学生、家长有多重要，几十年的班主任工作也让我明白我必须冷静！我不必费力气再去解释，也没必要怄气，我选择紧闭我的嘴，迈开我的腿，明天依照我的想法让去的孩子把他们看到的、听到的、感受到的分享给班上的同学。我想走好我的教育之路，我无须跟这样那样的家长纠缠，我要有自己的职业尊严，不必看谁的脸色、猜谁的想法，更不必战战兢兢、唯唯诺诺，我只为自己认准的教育事业而尽心！

卓卓的爸爸当然不满意，他接下来更是有恃无恐，又给我发来信息：

> 我把孩子在家写作业时的表现发给您，想听一下您对她的点评。想知道她在学校是怎么做的，老师们是如何教的，在不违法的情况下我想给她佩戴执法仪，以便了解她一天的学习情况、生活情况，恳请您把她的座位往前调一下，多点关照。

读着这位家长的又一段信息，我又感到了当班主任、当老师的心酸。我曾经看过一本书叫《不抱怨世界》，是呀，抱怨是没有用的。与其花时间去抱怨，花心思去揣摩迎合他们，还不如埋首自生长，把自己变成一棵参天大树。那些曾经指责你的人，自然会敬仰；那些曾经怀疑你能力的人，自然会信服。作为一名班主任更要具有自生长的意识，毕竟我们服务的对象是人而非物！纯真的孩子需要你的推动，需要你的引领，需要你帮助他们搭建洒满阳光的房间！

　　我也曾看过一本教育杂志，其中有位老师也遇到过各种不快，他最终体悟到："班主任要学会自生长！"这句话一下让我领悟了！因此，教师唯一的办法就是让自己成长，提高自己的专业水平，把无奈的教育变成诗意的行走！这样，教师才能获得幸福的教育人生，从而诗意地栖居在校园里！

第三部分　情在左　爱在右

我想这样称呼你

一晃六年即将过去，我和我们班的孩子们也即将分别，回想刚入校时的他们个个仰着稚气的小脸，小男生、小女生说话的声音都是一样的奶声奶气，顽皮的时候都是一样的天真无邪……而此时坐在我面前的他们个个都在发生着变化：个头比我高，我需要仰着脸与他们交流；小男生沙哑略显粗重的声音，而小女生曼妙的声音也令人如沐春风；玩闹的时候看似成熟而又带着孩子气……六年时间里，他们在我眼前一点点地成长，我像是一棵大树，身上刻满了他们成长的印迹，我们之间已经形成了默契，我的一个眼神、一句话语、一个动作孩子们都能心领神会。同样，他们的一个眼神、一个小动作，甚至心里的想法我也能猜个大概。望着坐在课桌前目不转睛听讲的他们，我不由得走神了，我深情地注视着他们，他们也诧异地盯着我，心想：老师怎么突然不讲话了？有些纳闷，我和他们对视了几秒后说："孩子们，我能这样称呼你们吗？×泽、×升、×轩、×玉……"我一个一个地亲切点着名，刚开始被叫到的孩子还有些不好意思，其他孩子听了也嗤嗤地笑，没叫到的孩子都用渴求的眼神看着我。一时间，坐在教室里的孩子眼中充满了惊喜与期待，每个孩子都被我叫了一遍后，课堂一下变得轻松、活跃起来。

接下来孩子们都争着举手回答问题，我知道他们不是享受老师对他们的赞许，而是为了老师再次呼唤他（她）的"小名"。我突然意识到这一声简单的呼唤对孩子们的内心冲击有多大；这一声简单的呼唤唤起了孩子们内心的认同、喜悦；这一声简单的呼唤更拉近了老师与学生的心灵距离，学生们仿佛是邻家的孩子，老师仿佛是邻家的阿姨，我们这间教室仿佛是一间温馨的沙龙座谈室，连室内的空气都变了味。难怪当初听外甥女说他们老师叫他们"小名"时，她心里非常激动和温暖。那时我听了只认为是孩子的一时感受，新鲜而已，并不以为意。这次课堂上偶然想起，试着做了一下，没想到让我亲眼见到、亲身感受到这一声"小名"的魅力，它的确迷人。

从此以后不管课内、课外我都用"小名"称呼我的学生。每每他们都会愉快地答应着，真的有种大家庭的感觉。比如，"小田，这个问题你是怎么想的？""雨禾，同意他的说法吗？"我甚至会依据孩子的自身特点称呼他们，比如班里玩魔方的高手叫"魔方达人"，跑步最快的叫"飞人"，玩魔术的叫"魔幻小子"等。我尽量做到家长怎么叫孩子，我就怎么叫，孩子们也很喜欢我这样称呼他们，这也在无形中拉近了我和孩子间的距离。叫孩子小名似乎有一种"奇妙的力量"，可以鼓舞孩子回答问题、好好学习、积极大胆地参加活动，还可以让原本性格内向的孩子逐渐打开心扉，表达自己，更能帮助孩子勇敢地克服困难，因为在他的身边有一位像妈妈一样可亲的人在关注着他，呵护着他。

当然，有时孩子犯了严重的错误时我会叫他的大名，这时孩子就会意识到问题的严重性，会重视老师的批评，认真反思。就像我自己的孩子说的那样："爸爸妈妈叫我小名的时候一定没什么事，但叫我大名时一定是有大事发生了。"虽然听起来有些好笑，但也真实地反映出称呼的重要性，叫孩子们小名这样一个小小的语言技巧温暖了孩子们的心灵，更像一抹冬日的暖阳驱散了孩子心头对老师的胆怯。我后悔没有早一天这样称呼他们！

以前一直叫学生的学名，虽然正式，却有距离感，改变称呼后收到了意想不到的效果，这种不带姓氏的亲切称呼方式，学生和家长也很乐意接受。

我与家长在交流孩子学习情况时互相称呼着孩子的小名显得格外亲切，交流也轻松、顺畅了许多。小名亲切，让学生和家长从老师身上找到了家人的感觉，尤其是学困生或性格内向的孩子，他们见到老师不再像以前那样有拘束感了。时间长了，一些孩子把老师当成了知心朋友，什么心里话都愿意对老师讲了，老师更有亲和力了。

面对孩子们那一双双渴望、期待的眼睛和父母对孩子殷切的期望，我们就不由得要想尽办法培育孩子茁壮成长。爱孩子的方法是要让孩子们乐于接受，这就需要我们用爱的眼睛去发现孩子，用爱的行为去影响孩子，用爱的力量去鼓舞孩子，明白他们真正需要什么，这才是我们要真正传递给他们的能量。愿我们的孩子在老师、家长、学校的陪伴下健康、快乐地成长，能产生认知世界的兴趣，从而变得更自信，更勇敢，更乐观。

你做好准备了吗？

六年级有一篇课文《我最好的老师》今天要学，上课伊始，同学们读完课题，我出示读书提示：自读课文，读通、读顺文中句子。我在教室转着听他们读课文时，突然灵机一动：何不仿效书中的怀特森先生给孩子们来一次不知不觉的测试，就以读书为测试项目，看看会是怎样。

于是我追加了一个要求："因本文不长，没有生僻字，所以要求大家在一分半钟内读通、读畅全文，开始计时。"我一声令下，孩子们开始积极读书，看着他们那认真投入的样子，我心里不禁暗暗好笑，明明是无法达到的要求，孩子们却这么轻易上钩了。但我心里又不觉有些不忍，他们这么信任老师，我是不是不该这样？但又转念一想：不让他们明白道理，他们哪一天才会改变自己的学习态度呢！正想时，有个孩子居然放下了书坐端正，示意我他读完了。我心里升起一股怒火，正想批评，可一想，这样不但起不了教育作用，还会影响他们的积极性，我强吞下到了嘴边的话，无视他，边走边观察其他同学读书，这时又有几个孩子接连停止了读书，两分钟刚过，又有一大部分同学停止读书，我继续巡视不发话，约莫三分钟后我喊停时，班上只有一个孩子还在坚持读。孩子们好奇地盯着我，显然他们已经意识到一分半钟早已过了。我请在一分半钟和两分钟读完，还有最后读完的孩子分别站起来，当请最早读完的孩子站起来时，这两位同学无比自豪地噌的一下站了起来，傲视大家。两分钟读完的孩子一下站起一大片，其中有个别有些犹豫，但看这么多人站起来了，也紧跟着站了起来，此时班上仅剩唯一一位小女生还没有起立，我请最后一位同学起立，班级中出现了嘻嘻的笑声。

我高声宣布刚才进行了朗读测试，读的用时最长的同学一百分，两分钟的同学只能给及格，一分半钟结束的是零分，大家一听目瞪口呆，一副不解的样子，我说一分半钟能读完的同学在欺骗老师，欺骗大家，欺骗自己。话音刚落，其中一个孩子就申辩："老师，我读书速度快！"我心平气和地说："好，我们请一位同学计时，你来读给大家听，要按老师提出的读书要求读哦，祝你成功！"大家看着书听他快速含糊地读，很快计时员喊停，可他还是没有读完。另一个同学大家更是清楚，平时说话都不太利索，怎么能读完呢？顿时一阵讥笑声传来。我接着让全班同学一起读全文，给他们四分钟时间，大家跃跃欲试，声音出奇地整齐、响亮，计时的同学依旧计时，课文顺利读完了，计时员报时三分四十秒。

我问孩子们："你们对老师给你们打的分数还有疑问吗？"孩子们脸上露出心悦诚服的表情。"为什么会是这样的结果，孩子们？"我微笑着问大家。读得最快的孩子说她想得到老师的表扬、同学的羡慕；两分钟就停止读书的孩子说看大家陆陆续续地不读，她也就不读了；一直坚持读完的孩子说，其实她心里很着急，但想着只要老师不喊停，她就要努力读完，不能跟着别人走。听了孩子们的真实表述，我说："最快的同学在为老师学习，两分钟读完的同学在为周围的同学学习，只有韩×楠同学是对自己负责，为自己学习。"孩子们静静地听着，陷入了思索，接下来的学习，大家一改往日的学习状态，学习劲头十足。短短的七分钟测试后孩子们收获了许多，认识到了该怎样学习，学习的目的是什么，之后每一位同学都写了一篇作文。作文中孩子们语言自然，情感真实，反思了自己的学习态度、学习目的，感悟各自不同，也留下了毕业前的又一个美好回忆。

课后坐在办公桌前的我也陷入沉思，我不禁自问：老师做好怎样教学生的准备了吗？我们在教孩子们知识时还要教什么？怎样让他们悟出学习的目的？怎样去培养他们的学习习惯呢？孩子，你做好学习的准备了吗？你将要为谁学？怎样学？我想今天的这堂课不但是对孩子们的教育，也是对我们老师的一个警示，平时的无休止的教育不如这样"润物细无声"的教育，这样学生更乐于接受，他们也会受益终生。

第三部分 情在左 爱在右

"举"起的荣耀

刚送走一批毕业生，学校就找我谈话，希望我接五年级的一个班，我不太情愿，毕竟那个班是别的老师一手带上来的，师生之间都要磨合、适应，再加上又是高年级，改变起来不容易，但学校一再给我做思想工作，我只好勉强答应了。

在最初的一周时间里，我观察、熟悉着班上的情况，这个班的孩子思维活跃，胆子大，但两极分化明显，有一部分孩子沉默不语，对任何事不争不抢，好像与自己无关，也不敢尝试。有几次课堂上我让他们发言，说得不对或不清晰的居然遭到了班上同学的讥笑，当时我很生气，狠狠批评了那些同学，虽然暂时化解了这些孩子的尴尬，但我知道这并没有从根本上改变班级中的这种现象，于是我思索着，寻找着好的解决办法。

那天我翻阅《班主任之友》时读到了一篇名为《'举'起的荣耀》的文章，猛地心中一亮，这种办法可以运用到我们班！自从学校开始要求各班每天放学时举班牌出校门后，我们班就没有换过举班牌的人。我问了孩子们，班牌一直是班长举，从来没换过人。一直举牌的人觉得是完成任务，一直没机会的人觉得也轮不到他们，所以他们根本不抱希望，大家都没觉得举班牌是件多么荣耀的事。我决定要让他们在举班牌这件事上改变他们对他人的看法，改变班风，改变做事的态度。说做就做，第二天上课我有意提了一个简单的问题让史×晨来回答。据我观察，这孩子很老实，不调皮，不惹事，对学习不自信，常被班上同学笑话，我料定他能回答出来这个简单的问题，然后当着同学们的面夸他上课遵守纪律，懂礼貌，不抢着老师的话说，尊重老师。大家听了我对他的表扬后，都齐刷刷地望向了他，他显得有些不自在。我接着说："所以今天的班牌由史×晨来举！"我又拿出一个本子，说："请咱们班的小书法家张×来记录一下史×晨能举班牌的理由。"孩子们听完我的话后面面相觑，有的发出轻轻的笑声，那笑声别有一层意思：像史×晨这样成绩平平、不哼不哈的孩子怎么能举班牌？有的感到惊讶，听了我的理由却也觉得理所当然；有的鼓起掌来，一脸兴奋，好像看戏一般。就这样，史×晨中午放学举着班牌雄赳赳地走在前面，很精神，其他孩子或伸长脖子看，或直视着史×晨的背影露出羡慕的神情。走到校门口的时候，我特意让他高高地举起班牌站在大家面前，孩子们逐一从我们面前走过，感觉他也像老师一样！史×晨的爸爸看到这一幕，显得又吃惊，又特别开心和激动。

蓦然想起一位家庭教育专家问过一个问题：一天中孩子和家长交流最有效的是什么时候？专家告诉大家，就是放学后家长与孩子见面的时候。想想，一个孩子在学校待了一天时间，家长想早点见到孩子，孩子也想早点见到家长，在这种情况下的交流，自然比平时的沟通有效得多。如果在这个时候，一个在校门口等候的家长看到自己的孩子举着班牌走在队伍的最前面，那该是一件多么自豪和开心的事儿啊！如果这又是一个平时表现一般的孩子，相信这一天对他和家长来说都会意义非凡。

一个不经意的举动，开启了班级一项新的奖励——每天评选一位表现突出或进步最大的同学，总之每天睁大眼睛寻找，找到班级的"每日一星"并不是难事。每天都有专人认真记录下评选某位同学的理由。从这一天开始，我们班放学的时候都是由当选"每日一星"的孩子来举班牌，不再一年到头都由班长一人来举。最关键的是，我引导孩子们推荐时更多地关注点点滴滴的小事，更多地去发现、发掘每个人身上的闪光点，更多地去肯定、欣赏他人，把荣耀更多地给予普通的孩子。每天放学时，我都要说一句像颁奖词一样的推荐理由："今天举班牌的同学是某某同学，因为……"为了让每个孩子都有机会，也让他们自己看到自身的优点，让别人也清楚他人身上具备的长处，当天的小书法家必须及时记录下当日推荐"每日一星"的理由：

　　许×鹏：他每天都坚持组织同学们搞卫生。

　　韩×芮：她自我约束力强，上课不受他人干扰。

　　滑×轩：他是一个珍惜时间的人。

　　骆×元：他主动擦黑板，从小事做起。

　　张×予：她身为班干部，能以身作则，有责任心。

　　王×：学习进步快。

　　……

　　时间一长，孩子们知道了谁都有机会，谁都可以举班牌，谁都可以做一日的"明星"；孩子们也渐渐懂得"勿以善小而不为，勿以恶小而为之"的道理。孩子们明白只要自己做得好，就有举班牌的机会，更重要的是孩子们找到了他人的可爱之处，也发现了自己的优势，班上的嘲笑声减少了，夸赞声增多了，学优生和学困生的交流多了，班级氛围更融洽了，也更和谐了。

　　那天，付×霖的妈妈在电话里告诉我，儿子举过班牌后，学习就非常自觉，无论是写作业还是帮着做家务，都很积极，以前要催他动作快点儿，现在都不用再催促他了。虽然还需要坚持，但这是他改变的开始。

　　当然，这样一来我也有了新的"苦恼"，那就是每天给自己留了一道作业：要留心这一天哪个孩子表现特别好，哪个孩子进步特别大，哪个孩子该给予鼓励，还有哪些孩子还没有得到举班牌的机会……

　　一个小小的班牌，能让孩子们改掉自身的一些小毛病，也能让孩子们发现他人身上的闪光点，逐渐拥有一双善于发现美的眼睛，学会尊重他人，宽容他人，善待他人。作为老师，我在工作中多想办法，多动脑筋，尤其是要善于调动学生的积极性，这样许多问题也就迎刃而解了。

　　在班主任的工作中充分利用各种教育契机，及时进行有效的教育，虽然不像专门的教育活动那样历时较久、层层展开，但如果及时抓住时机运用恰当，同样可以对孩子的品行及内心产生积极的作用。因此在日常生活和学习中，老师要善于观察，捕捉日常生活中的小事和各种可利用的教育环节，有意识地引导和教育孩子，这样我们的孩子就会得到快乐，茁壮、全面地成长，我的工作也会取得事半功倍的成效，何乐而不为呢？

"毛毛虫"比赛

今年校园运动会的参赛形式改成了全员运动会，也就是每个孩子都有参赛的机会。这种形式比较好，每一个孩子都有参赛项目，都能感受运动的快乐。其中有一项是"毛毛虫"比赛，就是十个孩子蹲下后一个拉着另一个的衣服向前行走。看似是个有趣、容易的运动项目，我们在前面放了几个动作快的孩子，中间放了几个动作慢的孩子，最后再放几个动作较快的孩子。安排好后只听一声令下，十个孩子开始行走，原本说好由领头的孩子喊着口令"一、二、一、二……"地走。然而哨声一响，领头的孩子忘了口令，只忙着往前走，后面的孩子刚开始还跟得很紧，可到了后面不仅跟不上，大家的脚步也变得乱七八糟，还一边扯着前面同学的衣服一边嘴里埋怨说："你别抓我呀！""你踢着我啦！""你快点呀！"……孩子们还没到终点已自乱阵脚，并且还相互埋怨！排在前面的孩子一脸的着急、无奈，眼看别的队都快到终点了，可自己的队伍就是磨蹭着走不快。我们最终输了这场比赛，在一旁助威加油的家长看到孩子的表现后，跟我说："孩子们单独参赛时都很优秀，但大家伙儿一起比赛时就出现了问题，还是不会合作呀！集体、团队意识不强。"

是呀，看着有些孩子心急想当第一的表情和有些孩子只顾自己而不顾他人，不包容、体谅他人的表现，我意识到应该重视培养孩子们团结协作的能力，他们有了极强的集体意识，才会为共同的目标去协作、宽容、努力、想办法，发挥出各自的优势，吸取其他人身上的优点，遇到问题时才会及时交流、调整而不是互相埋怨，团队的力量才能得到很好的发挥。我也有做得不到位的地方，比赛前我没跟孩子们说明白大家该怎样协作，相互之间怎样配合，怎样把自己的优势在团队中发挥出来。正是由于我的疏忽，没有让孩子们体会到团结协作的重要性，没有让孩子们在实践中领悟一加一的结果是大于二的。所以在今后的教学工作中，我要有意识地培养孩子们协同合作的能力，让他们意识到没有完美的个人，只有无敌的团队。

第三部分　情在左　爱在右

劳动最光荣

一年一度盛大的校园艺术节即将开幕，我和几个家长几乎每天都会抽出一些时间来排练，看着孩子们的舞蹈动作越来越熟练，越来越整齐，我们紧张的心也略略放下了些。不过还是有个别孩子不是动作做反了，就是位置找错了，节奏不是快了，就是慢了。

这让我和几个家长忙得不亦乐乎。我们时不时提醒这个，强调那个；拉住这个，扯住那个……，虽然是60多个孩子的集体表演，但孩子们毕竟是二年级的学生，个头小，站开并不拥挤。尤其是谁做错、慢拍、抢拍，看得一清二楚。所以还得不停地练，不停地提醒，不停地示范。

每次练三四遍，看着孩子们累得够呛，我也不忍心再让他们练，便让他们休息，可心里还是着急，上台再出现这些状况怎么办？有时我也很累，不想带他们练了，孩子们就会跑过来问："袁老师，我们什么时候开始排练？"看着他们渴望登台表演的眼神和他们不怕晒、不怕累的样子，我即刻改变主意。

就这样，艺术节拉开帷幕，一早孩子们就穿着演出服来教室化妆。一个个粉扑扑的小脸蛋上带着欢快的笑容，每个孩子都穿着小白鞋和蓝色牛仔背带裤，裤边卷起，上身穿白色T恤，胸前别着一朵大红花，女生还梳两个小辫，扎上红色蝴蝶结，显得漂亮、可爱极了。

孩子们登台了。灯光打开，音乐响起，孩子们带着最甜美的微笑，做出最美的动作，自豪地边跳边唱《劳动最光荣》：

太阳光金亮亮

雄鸡唱三唱

花儿醒来了

鸟儿忙梳妆

小喜鹊造新房

小蜜蜂采蜜忙

幸福的生活从哪里来

要靠劳动来创造

青青的叶儿红红的花

小蝴蝶贪玩耍

不爱劳动不学习

我们大家不学它

要学喜鹊造新房

要学蜜蜂采蜜糖

劳动的快乐说不尽

劳动的创造最光荣

台下的师生被孩子们认真的表演打动了，掌声热烈。落幕后，有好些老师随手拉过几个孩子和他们一起合影，说这节目太有时代感了！孩子们太可爱了！也有老师说这个节目让他想到自己小时候。我突然觉得，这不就是芳华岁月吗？于是我们一起站在舞台上合影留念，留下这值得孩子们回味的时刻，留下我们记忆中的芳华时光。

璀璨的舞台灯光熄灭，热情的夸赞渐渐消失，喧闹的人群散去，我不禁有些疑惑，孩子们登台表演时和平时排练时的区别还是蛮大的，他们能在舞台上那么投入地表演，这是为什么？难道只是因为环境发生了变化，态度发生了变化？

我带着疑惑问孩子们，他们的回答令我意外："我在台上表演的时候，就想起我平时在班上搞卫生时的样子和心情，我觉得很开心。""我在表演的时候看到台下那么多观众看着，我觉得我现在就像在台上劳动一样，心里一下子感到很自豪，很光荣。""我们唱的《劳动最光荣》这首歌里就说：'幸福生活哪里来？要靠劳动来创造。'所以我要认真、努力跳好，才会得到幸福。"……听着孩子们你一言我一语的表达，我找到了答案。

噢，原来是孩子们思想上发生了变化！孩子们给我上了一堂鲜活的教育课，一个人的思想转变对于自身来说是多么重要。

我们常常抱怨工作辛苦，待遇不高，还要忍受一些来自家长、社会舆论的攻击，但是反过来想，我们如果将这样的工作当成人生的体验，也许就不会觉得工作、生活乏味。

课堂上的一个小意外也许会让你的课堂精彩异常，笑声满堂；孩子们的表现也许会催生出你新颖的班级管理方式；每天与孩子们、家长们相处会让你得到愉快、惊喜或愤怒、深思等丰富的情感体验，这不是其他职业所能轻易体验到的。

我们转变了思想，不需要别人来给我们解说、指引，自己就能看到一路上风景无限，到处充满阳光的能量。

"快乐"的节日

盼啊盼，孩子们终于盼来了属于他们的重要节日——六一国际儿童节！

记得有一首歌曾经也是一篇小学课文，它叫《快乐的节日》，是专门为孩子们庆祝六一写的，字里行间表达着孩子们内心的快乐和幸福，文中这样写道：

> 小鸟在前面带路，风儿吹着我们。我们像春天一样，来到花园里，来到草地上。鲜艳的红领巾，美丽的衣裳，像朵朵花儿开放。花儿向我们点头，白杨树哗啦啦地响。它们同美丽的小鸟，向我们祝贺，为我们歌唱。它们都说有了我们，可爱的祖国就更有希望。感谢亲爱的祖国，让我们健康地成长。我们像小鸟一样，等身上的羽毛长丰满，就勇敢地向着天空飞翔，飞向我们的理想，唱啊，跳啊，敬爱的老师，亲爱的伙伴，同我们一起度过这快乐的时光。

读着它，唱着它，我们不由得进入了自由自在、无拘无束、阳光灿烂、笑脸盈盈的画面中，我们的心、身都在随着这份欢快跳跃，我们的思绪飞出了课堂，飞回了各自的童年。记得我儿时的儿童节，每个孩子都要穿上漂亮的衣裳，激动地领到一份属于自己的礼物，有的孩子还会有冰棍儿吃，简短的仪式后，我们会愉快地度过属于自己的节日，真心感到满足。

眨眼间，我开始带着身边的孩子和自己的孩子过六一儿童节了。每当看到孩子们为了迎接自己的节日，一遍又一遍地练习着各种动作，站队、排队、抬手、踢腿、表情……，完成着各种指令、各种要求，在各种严苛的呵斥之下，孩子们每天在太阳下辛苦地练着、练着……，直到节日当天上台展示给领导看。前排领导坐得端正，笑眯眯地看着天真可爱的孩子们，然后说一段祝孩子们节日快乐的话，说几句带有殷切希望的话，就匆匆离开了。而孩子们为了赢得领导的赞许，辛苦了多少天，又占用了多少自由玩耍的时间。快乐的节日，真的快乐吗？孩子们的节日成了我们大人博得关注的机会，展示自己治校艺术的途径，这不禁让人汗颜。幼儿园的小朋友更可怜，我无数次路过幼儿园，看到那么小的孩子被老师摆弄得服服帖帖，站在烈日下用稚嫩的声音喊着节奏，只是为了儿童节那天领导来的那一刻。这样的节日孩子们还会向往吗？谁又真心为孩子们想过？这节日是属于孩子们的，我们应该把它交给孩子们，这是属于他们的自由，我们应该让他们真正呼吸到新鲜的空气，展开双臂拥抱这个美好的世界，和自己的父母、小伙伴度过无忧无虑的一天，让他们的回忆都充满了快乐。而不是一遇到节日就以一个令人厌烦的展演来诠释，这样只会让我们的孩子对节日感到麻木，淡忘了节日对人的成长意义，忘记了自由和自己的存在。孩子的成长中有些痕迹需要留下，有些仪式需要舞台，有些节日需要庆祝，但在方式方法上，我们需要找到一条合适的道路来保护孩子们的童真与自由，这才应该是节日的快乐。

请把快乐的节日还给孩子们，让孩子们欢畅、自由地唱啊，跳啊，无忧无虑地度过这快乐的时光！

开运动会中的"请假风"

五月天高云淡，一年一次的运动会就要举行了，可运动会只开了半天就有孩子和家长向我请假，说孩子周末有课得去上课外班。我很无奈，勉强同意。第二天，班上有一多半孩子都要请假去课外班上课。我默默地想：有这么多孩子周末奔走在课外班的路上，上课外班真能提高学习成绩吗？一到周末就能随处看到背着书包走在大街上的孩子。在我们班，上课外班的都是班级成绩"中等与优秀之间""中等及以下"的学生，在课外班上大部分内容"听不懂"，有些学生甚至不能详细描述课外班上学习的具体内容。对学习成绩不属于优秀之列的学生而言，首要的是进一步把学校的教学内容学好，而不是去学习普遍比学校教的内容更难的课外班内容。家长更应关注的是学生的学习兴趣、学习习惯和学习方法等，课外班并不是有效提高孩子学习成绩的途径。

班上有个叫刘×涵的小姑娘就曾对我抱怨说："我妈妈又给我报了一个课外班，把奥数加上了。我现在有书法班、英语班、数学班、古筝班、画画班，我都快要累死啦！可我妈妈说，这些都是让我玩儿的课，唉！""这些课你不喜欢吗？"我问。"当然不喜欢啦，我都没玩的时间啦！"她说着噘起了胖嘟嘟的小嘴。课外班占据了学生大部分的课余时间，使他们课外阅读、体育锻炼、和同龄人玩耍与交往、参与社会实践等的时间大大缩减，他们自主学习能力的形成受到了严重影响。孩子虽然在课外班上学习，有些孩子反映学得还不错，但那只是表象，实际上学得不扎实，知其然而不知其所以然，并没有达到"学会"的程度。这样，学生就慢慢形成为了补习而补习的心态，家长的心态则是求安心："别人家的孩子都在补习，我们家的孩子不补习就吃亏，就会跟不上。"实际上的结果是孩子因为在校外辅导班提前学了，在学校的时候反而不听不学，很容易在课堂上走神，不愿跟着老师的教学节奏踏踏实实地走，久而久之，学习习惯就出现了问题。而这一问题也会直接导致学生对学习失去兴趣。这种"轻课内，重课外"的依赖思想会让学生在短期内占据优势，却对学生的长远发展产生不利影响。

实际上，与其得一时之巧失长远之功，还不如多做一些"磨刀不误砍柴工"的事情。不如将孩子用于跑校外各种辅导班的时间用来带孩子郊游、远足，陪孩子游戏、锻炼，一起阅读、交流……从而让孩子有可以被接纳的环境，有表达自己思想的习惯，有经常接触自然和社会的"机会"，有喜欢并坚持的体育项目，有一两种爱好，有动手制作的热情，甚至有失败、被拒绝的经历……在这个过程中，培养孩子的兴趣爱好、愉快的情绪、对学习和生活的热情、对挫折的忍受力与意志力、活泼的性格、宽广的胸怀、自信心与好奇心、远大的理想与目标等非智力因素，把属于孩子们的时间还给他们，让他们在什么年龄完成什么年龄的事，拥有一个阳光健康的心态。这些远比在短时间内分数提高三五分，排名前进几位要重要得多、有意义得多！

校园读书月随想

　　这学期的书香校园读书月活动即将开始，各班为了迎接这项活动，开展了亲子阅读、朗读比赛、好书推荐、评选阅读小学士、建立班级图书角等活动。一时间读书热潮在校园里掀起，如果这种读书的热情能够成为常态，那将对孩子产生极大的帮助。虽然班上有图书角，摆放了孩子从家里拿来的各种读物，但数量毕竟有限。我每每从学校图书室经过，看到紧闭的大门时就觉得有些遗憾，如果孩子们能有专门的一节课，坐在图书室里安安静静地取本书入迷地读着，那该多好呀！

　　近日，教育部印发了《中小学图书馆（室）规程》，要求"进一步加强中小学图书管理工作，加强中小学图书馆（室）的建设，使其规范化、科学化和现代化"，"积极开展各种读书活动，鼓励各地中小学图书馆对社区、学生业余时间开放，提高图书的借阅率、使用率"。

　　看到这条消息，我心中疑惑：学校沉睡的图书室怎么还不对学生开放？应该让学校图书室早一点发挥它培养学生阅读习惯、激发学生课外阅读兴趣的作用。而我们的校园图书室只在迎接参观、应对检查时开放，平时开放次数并不多，偶尔只对高年级或课外兴趣班开放。学校也没有将图书选择、阅读等作为专门的课程来看待，更没有为学生留出足够多的阅读时间。

　　校园图书室其实是重要的育人阵地，有着丰富的藏书量，比班级里的图书角作用大多了，能够对学生的成长起到潜移默化的促进作用。有些时候，即使是老师的言传身教，也难以有效解决一些学生的成长困惑，但通过阅读图书，学生会慢慢悟出道理，找到解决问题的方法，做到健康快乐地成长。换言之，图书有时是比老师更讨巧的教育者，阅读对学生的道德思想、行为习惯、价值观的形成具有深远的影响，对学生未来的成长、发展帮助更大。学校图书室的开放对积极打造书香校园，为学生阅读创造更多良好条件发挥着积极的作用。让学生每天在校都有时间阅读经典、讨论经典，能够培养出更多的终身学习读者。而且，充分发挥图书室的作用，对提升学生的语文素养，让学生爱上语文，学会写作，有着立竿见影的效果。我们也可以利用学校的图书室资源，将课堂搬到图书室去，在浓郁的书香氛围中，在那些经典名著的熏陶中，学生们会对阅读、写作产生兴趣，对中华传统文化的兴致日渐浓厚。这与其说是教师的力量，不如说是图书室强大的育人功效。

　　学校的图书室不是摆设，不是可有可无的，一个环境优美、书香四溢的校园图书室就是一个育人的平台。它既能对学校教育教学发挥事半功倍的作用，也能促使学生成为既可脚踏实地，又可仰望星空，并且带点书卷气，保持心静如水，人淡如菊的儒雅之人。

带好一个班

——走进孩子的心里

记得有首歌曾唱道："你快乐吗？我很快乐！"这种快乐源于内心，而这种情感的产生受到多方因素的影响。孩子是很容易满足的，也是很容易找到快乐的，但同时他们的内心也是极为脆弱的，需要用心呵护。

苏霍姆林斯基有句名言："让每个孩子都抬起头来走路。"在我们班上，有一些学生家庭不够富裕，心理上比较自卑。所以我在给全班灌输勤俭节约思想的同时，也会去关心他们、爱护他们，让他们抛弃自卑感。

比如吴×同学，她爸爸妈妈靠卖一些小杂货为生，小姑娘又有癫痫，但在班级良好班风的影响下，大家对她更多的是关心与帮助，所以她常在日记中流露出非常喜欢这个温暖的大家庭的情感。

与此同时，我还让班上每一位学生都出谋划策，关心帮助这一部分学生，如让他们当"收集废品站"的财政专员，让他们发挥了自己的作用，也改变了学生爱浪费的坏习惯。

在我们班上，有些孩子资质平平，学习能力较弱，他们也因此对自己不够自信。所以，我开始从日常生活点滴中寻找他们身上隐藏的特长。

比如，马×睿爱动手，发明出各种各样的手工制品，得到了大家的赞赏。

又如，韩×璐对体育感兴趣，于是在运动会上我给她填报了接力赛和长跑，当时她有些不自信，但我一直鼓励她，结果她在运动会上取得了好成绩，找到了自信，成为班级运动小达人。

现代社会需要的是新型人才，不需要随声附和的庸人。要培养个性必须先发现个性。

许×漳是班级里有名的"霸王"，针对他那不服管的性格，我试图寻找机会让他改变。一次他把纸卷成筒状做了一把枪，到处"横行"，我把他叫到办公室拿着枪欣赏了一番说："这把枪做得真逼真，你手很巧，想法也有创意，老师很欣赏，不过你这枪有不足之处。"

他有些不好意思地笑了，说他知道，是用学习用品做的，很浪费，而且还欺负同学。我让他回家重新制作。从那以后，人称"霸王"的他被我"收服"了。

在小学阶段，孩子的可塑性很大，只要我们充满爱心，从多角度赏识他们，给他们展示的机会，就能让他们从内心深处快乐起来，在快乐中迅速成长起来。

本来学习和教学都是快乐的事情！

目标定位单

英国教育家洛克说：每个人的心灵都像他们的脸一样各不相同，正是他们无时无刻地表现自己的个性，才显示出难以想象的个性、尊严和创造力。班集体既可成为学生个性发展的摇篮，也可成为扼杀个性发展的泥潭。班主任要发展学生的个性，充分挖掘、利用学生的创造力和每一个闪光点，鼓励学生敢于表现自我，学生只有得到老师的尊重、支持、赏识，才会主动地去探索，去创新，才能逐步构建"自觉班集体"。

一个班集体中总有贪玩的或意志力薄弱的孩子，他们对学习不用心，不主动，久而久之，功课便出现了问题。这直接影响到他的日常学习和生活，也给老师的教学工作、班级管理工作带来很大的困扰。我相信每一位教师都希望自己的学生努力、上进、积极，但有什么好办法可以达到这一目标呢？记得我在带某届高年级学生的时候，给每一个学生建立了一个联系本，一个小小的生字本建起了我与学生及家长的联系。每周五我都会在每个人的小本上写上他们好的表现，提出还要改进、养成的方面或更进一步的要求，家长周末时也在本子上反馈孩子的情况。每周末孩子们都期待我发联系本，看看上面又写了哪些肯定的内容，哪些不足之处；每周一我也很期待看到每一个孩子的联系本上家长的反馈，针对以上内容，我将在这周有针对性地对计划做出调整。一个月后，作用显现出来了，孩子们的学习状态、生活习惯明显有了变化，尤其是后进生，思想转变后进步大，在期末考试中全班取得了优异的成绩。这让我看到了客观的鼓励和及时提出要求对孩子所起的作用是多么大。

让孩子养成良好的学习、生活习惯应赶早不赶晚。在带新一届的学生时，我设计了低、中、高各年级段的学习目标定位单。对低年级的目标定位单从学习、生活、行为习惯三个方面提出一些具体要求，并指导孩子们努力达成，我还用塞万提斯的"目标愈高，志向愈可贵"这句话来激励孩子们努力向目标靠近。对中、高年级段则从学困生和学优生两方面制定学习目标定位单。针对学困生的目标定位单由"我们的约定""兑现的承诺""在哪些方面有提高或转变""老师对我说、爸妈对我说"四个板块组成。我选择了车尔尼雪夫斯基的"没有目标，哪来的劲头"来时时激励学困生，鼓励他们不放弃。而针对学优生的目标定位单则由"提升目标""完成情况""在哪些方面有提高或转变""老师对我说、爸妈对我说"这四个板块组成。其中我加入了戴高乐的话："目标已经在望，为了这个目标，我们遭受一些痛苦是值得的，在这以后，我们将会飞得更高，更远，更有力，生活难道不就是这样吗？"以此坚定学生们的斗志，让他们向着更高更远的方向努力，"长风破浪会有时，直挂云帆济沧海"！

制定学习目标定位单的想法本着"提优促后"的原则，帮助优秀学生全面发展，促使学困生制定可行的短期目标，在得到家长的支持配合的前提下，教师、学生、家长共同努力实现，让孩子感受到自己的点滴变化，让家长看到老师对孩子的付出，让孩子看到老师对他的期望，改变自己对学习的态度。事实证明我的做法是对的，在目标定位单的督促、帮助、引导下，不同类型的学生都在或多或少地发生着可喜的变化。我对低年级孩子的要求主要是培养他们的各种好习惯，我会说："你能认真地一笔一画地书写，还能和小伙伴们友好地玩耍，真棒！老师还喜欢自己的书包自己会收拾的孩子，你能做到吗？"低年级的家长这样说："孩子，希望你按照自己的定位目标，脚踏实地，做好每一项任务，在学习、生活、行为上取得可喜的进步。有老师的帮助，有爸爸妈妈的督促，你一定能做得更好！"我对学困生主要是提出一个他们短期能达到的小目标，以提高他们的自信心，再逐渐提出更高的要求，我会说："这一个月你对自己有了要求，也改变了许多，平时听讲认真了，与同学关系融洽了，真棒！"学困生的家长这样说："孩子，老师说你能按自己的实际情况来改变自己，这一周老师表扬你有进步！我们心里说不出的喜悦！感谢老师费心啦！你还要继续努力，去达成下一个目标呀！"我对学优生提出的要求是让他们尽可能地全面发展，拥有广泛的兴趣，我会说："×泉，在最关键的日子里老师希望你更加积极努力地去学习、生活，为自己进入一个全新的舞台搭建好平台，让自己站得更高！"学优生的家长这样说："×泉，还有两个多月你就要小学毕业了，这是人生众多分水岭中的一个，你也渐渐从童年步入了少年的行列，应该越来越懂事了，妈妈爸爸希望你在小升初考试中取得好成绩，不辜负老师及我们对你的期望，这就需要你认真、仔细，一定不能粗心，否则即使会做，答案错，一切等于零。" "×泉，还有小半个月就要小升初考试了，虽然妈妈感觉你学习较轻松，但是最近就如袁老师说的那样，你有些浮躁呀！妈妈希望你抓紧时间复习，以优异的成绩回报老师的殷切期望。妈妈希望你拿出最好的状态，给小学阶段画上一个圆满的句号。加油，别忘了加强身体锻炼哦！"

　　每每翻看这一摞一摞的目标定位单，我的心里都是满满的回忆，每个孩子的样子都浮现在眼前，我此时非常认同教育同行的观点：每个孩子都是种子，只不过每个人的花期不同。有的花一开始就灿烂绽放；有的花需要漫长的等待。不要看着别人的花怒放了，自己的那颗种子还没有动静就着急，相信花都有自己的花期，细心地呵护自己的花，慢慢地看着他长大，陪着他沐浴阳光风雨，这种幸福的滋味会永远萦绕在心间。相信孩子，静待花开，也许你的种子永远都不会开花，因为他本身就是一棵树。

第四部分 | 04

因爱绽放　因爱美丽

潜心润根，向阳生长！

在教育的路上一路行走，这才发现自己有诸多不足，这是一个一辈子不断修行的事业，它让我们变得更纯粹，更真实——孩子因爱而绽放，老师因爱而美丽。

教育叙事是对心灵的研修

　　每次听专家们的讲座，都能听到"要多写教育叙事，记录下自己在教学中的点滴，这既是反思，也会对自己的专业素养有所帮助"之类的话语。每次听后我都决心提笔写教育叙事，但每次都找理由偷懒不写，所以我迟迟没有动笔，错过了许多次提升自己的机会。

　　现在我不能再错过，我要记录下自己的教育经历，让它们变成我的教育经验。我发现只要动起笔来写，就会乐此不疲，我坚持一个月、两个月、一年、两年……，我对坚持写教育叙事有了完全不一样的认识。

　　教育叙事，即讲有关教育的故事。它是教育主体叙述教育教学中的真实情境的过程，其实质是通过讲述教育故事，体悟教育真谛的一种研究方法，并非为讲故事而讲故事，而是通过教育叙事展开对现象的思索，对问题的研究，是将客观的过程、真实的体验、主观的阐述有机地融为一体的一种教育经验的发现和揭示过程。

　　看着这段对教育叙事的诠释，回想着自己的点滴教育故事，我不由得想起昨天办公室里发生的一幕：张×伟动作慢，课堂上该写完的生字没写完，于是我在课间把他带到办公室让他继续写，这样可以避免他受到其他同学干扰，尽快完成。他站在我旁边低头写着，突然他一脸认真地问我："袁老师，你生病了吗？"我一惊，反问道："你怎么知道的？"他努努嘴说："我看见你桌上放了一袋子药。"我才想起早上吃完药，直接把药放在了桌上，现在被他看到了，接着他又小大人似的说："生病了就要休息！"我一时语塞，不知该怎么回答，只能说："谢谢你的提醒，我会多休息的，但是我要请假了，你们怎么办？"我半开玩笑地说。他想了想说："那还是你快点好起来，教我们知识吧！"我开心地笑了，办公室里的其他老师也笑了，多么温暖的提醒啊！人与人之间的距离到底有多远？其实，一个会心的微笑，一个关注的眼神，一声真诚的问候，便能拉近心与心之间的距离。

教育叙事让我们把自己过去教育生活中司空见惯的细节重新审视了一遍，去发现其中的教育内涵，从而把作为叙事者的教师自身的思维触角引向自我教育生活的深层，使看似平淡的日常教育生活显现其并不平凡的教育意义。正是教育叙事使我有了教育者的自豪感和情怀。曾经，我也认为教师工作披星戴月，班主任的工作琐碎、繁杂，很辛苦。但是现在，我的认识发生了变化，教师职业真正具有神圣感，班主任的工作拥有别的教师无法体验到的独有的快乐、幸福。你会在孩子们纯真的话语中捧腹大笑；你会在孩子们关切的眼神中感受到无比的温暖；你会在孩子们专注的注视下一丝不苟；你会在孩子们活泼无忧的笑声里回归童真；你会在不知不觉中拥有无数的小粉丝……。有了这些，我工作开心、生活愉快，自然拥有尽心尽力干好工作的劲头。

教育叙事是教与研的有机整合。教育叙事研究是记录教师教学生涯和成长历程的重要方式。苏霍姆林斯基说："我建议每一位教师都来写教育日记。教育日记并不是什么对它提出某些格式要求的官方文献，而是一种个人的随笔记录，在日常工作中就可以记。这些记录是思考和创造的源泉，那种连续记了10年、20年甚至30年的教师日记是一笔巨大的财富。每一位勤于思考的教师，都有他自己的体系、自己的教育学修养。"教师以叙事方式重述和重写那些能够使自己觉醒和转变的教育故事，促使教育教学与学习、研究合为一体，这是教师应有的专业工作方式，是实现教师专业成长的基本途径。杜威指出："反思是对经验进行重构或重组，使之增加经验的意义并增强指导后续经验方向的能力。"教学经验要善于从反思中吸取教训，这样才会使它自然地成为学习资源，只有经过反思的经验才是教师的自我财富。

我常常会读自己的教育叙事，对每一个叙事进行不同的反思，甚至有时再看时还会有不同的想法、看法，也许更全面，也许完全不赞同当时的想法，也许有了另一种解决的办法。日积月累的坚持，使我由当初的不情愿的被动撰写，发展到如今的自觉撰写、主动分享。每天倾诉我的小故事或倾听同伴的各种小故事，细细品读一则则情感真挚的文章，那点点滴滴的成功与失败，再现着一个个精彩的教学瞬间，见证着自己作为教师的成长历程。我渐渐喜欢上了这种方式，将教育教学中的一点一滴记录、收集、整理出来，在反思中不断进步，这不也是一种教师专业成长的途径吗？我要像泰戈尔诗中写的一样："花的事业是甜蜜的，果的事业是珍贵的，让我干叶的事业吧，因为它总是谦逊地低垂着它的绿荫。"

以动促成长　焕发班级活力

有一种超人大家猜猜是谁？他叫班主任！大家再来听听这句话："我不是在上课，就是走在上课的路上。"看来大家感同身受，班主任这项工作，要想干好，那可真不简单！我们不得不让自己成为几乎无所不能的超人，只有亲身经历过，当过班主任的人才懂！

曾经有人戏称班主任工作是"吉祥三保"——保姆、保安、保洁。后来，我仔细罗列了一下，班主任每天和学生们在一起，除了教学，要干的事儿可太多太多了，何止这三种。以下这些经历，想必各位班主任都有过：

1. 我们是客服

"喂，你好！""老师，你好，我是小帅的家长，请问孩子最近在学校表现得怎么样？"

2. 我们是变脸大师

面对这群顽皮捣蛋的孩子，我们的脸部表情变得比天气还要快：前一秒钟脸上还绽放着温和的笑容，下一秒钟就被气得脸色很难看。

3. 我们是保姆

"老师，我的鞋带开了，能帮我系下鞋带吗？"

4. 我们是民警

"老师快来呀，小辛和浩然打架啦！"

5. 我们是法官

"老师，老师，他打我！""老师，老师，他说谎，是他先打的我！"

6. 我们是民事调解员

"来，握握手，说声对不起，下不为例，大家还是好朋友。"

7. 我们是救助员

"老师快来呀，赵×乐的脚卡在课桌下面的篮子里了！"

8. 我们是医生

"老师，我手臂擦破了。"

9. 我们是保管员

"老师，我落在教室的水杯你见了没有？"

10. 我们是心理辅导员

"孩子，别哭，这次虽然没考好，但我相信经过努力你一定会越来越好的！加油呀！棒棒哒！"

11. 我们是社区宣传员

"孩子们，我们要大手拉小手，带回家讲给爸爸妈妈听哟！"

12. 我们是导演

"今年的元旦联欢会搞什么花样呢？"

13. 我们是画家

提笔要会画示意图。

14. 我们是修理工

"老师，我的凳子有些晃荡，你能帮我修一下吗？"

15. 我们是快递员

"老师，孩子的书本忘记带了，你能帮我送给孩子吗？"

班主任有多难当，只有做过的人才知道。所以我们早晨出门神采奕奕，晚上回来瘫软无力。那么，老师如何轻松管理班级，如何培养学生的自主管理能力呢？这的确是首先要解决的问题，我在实际工作中逐步摸索出以动促成长的方法来焕发班级活力。

作为班主任，我们要懂得营造宽松和谐的班级氛围。教会学生设计"家"，让班级拥有家的温馨。开展丰富多彩的班级活动，引导班级中的每个成员都来为这个大家庭出谋献策，培养他们的班级主人翁意识，并根据本班实际情况不断优化管理班级的方法，以达到预期效果。在班级管理中，如果能够激发学生的兴趣，让他们积极参与，班主任的管理工作将收到事半功倍的效果。

例如，开展班级活动单靠班主任一人是远远不够的，我们要利用好家长资源，邀请家长和孩子们一起参加班级集体活动以及教学活动。家长从事各行各业的都有，他们对相关领域有较深刻的认识。班主任可以让家长进课堂给孩子们讲医学小常识，建立班级"急救小药箱"；请在部队的家长带几个士兵给孩子们展示站立行的飒爽军姿，训练孩子们站如松、坐如钟；请家长给孩子们讲日常生活中的科学小常识及用眼卫生、牙齿保健等；请家长教给孩子们益智小游戏；请身为作家的家长给孩子们讲写作技巧、写作的历程……，这样孩子们会因此感受到新奇与乐趣。我曾邀请部分家长、部分孩子与老师一起来到永登的一所小学捐送图书，并且手拉手和永登的孩子们一起交流、玩耍，参观他们的教室，建立通信并发展友谊。除此之外，有些家长还教其他家长和孩子打非洲鼓，同台表演非洲鼓，并且代表城关区参加兰州市创建文明城市的文艺汇演。我鼓励、支持家长组织有意义的公益活动，发动家长带孩子到风车节游玩，参观认知馆、科技馆、福利院，让家长建立家委会以便于通知、沟通、传达事情，通过QQ发送正能量的信息，推荐好文章。举行家庭才艺展示活动，让家长与孩子同台表演，既锻炼了孩子的胆量，又展示了家庭的风采，让家校在和谐的氛围中起到更好的教育作用。请家长进课堂，进行家长大讲堂，极大地调动了家长的积极性。让家长走进课堂了解自己的孩子，了解别人家的孩子，家长更能正视自己孩子的优缺点，理解老师的不易，激发孩子更大的求知欲。

我们要利用好各种节日活动资源对学生进行教育。根据一定的目的、要求采用一定的方法带领学生根据自身优势和特点，富有创造性地开展班级活动，一切活动都为满足学生的成长和发展而设计和组织，着力培养他们的自信心，要充分尊重学生的情感需要，从而营造一种良好的、和谐的、积极向上的班级氛围。中国的传统节日——端午节，这天我让孩子们在了解节日的同时亲手学包粽子、品尝粽子；中秋节到了，我和孩子们一起做月饼，送给亲人；正月十五到了，我会让孩子们了解习俗，制作花灯，诵童谣，耍花灯。这样，孩子们便能在动手中感受传统节日的文化内涵，丰富生活体验。开学初恰逢正月十五前夕，我让孩子们在彩纸上写上对同学的祝福和鼓励的话语放进红包里，每个孩子在抢红包中都收到了来自同学的美好祝福，感受到了同学间相互关爱与鼓励的幸福，同时我也让孩子们把祝福送给身边的人，让他们学会感恩。植树节，我和孩子们分工合作共同栽种盆花，美化教室，感受春天的气息。虽然我们的教室窗台上摆放的花没有买来的整齐，但却让我们的教室变温暖了，变得更像家了。下课了，几个同学围拢在窗台前观察着他们的花花草草，谈论着新的发现，或浇浇水，或用小手除去一些枯叶……。春的脚步更近了，我和孩子们一起画风筝，做风筝，在校园里放风筝，和春一起嬉戏欢笑。春天到了，我带孩子们看风车展，和家长一起制作风车，结合"道德与法治"这门课程，孩子们把做好的风车拿在手里在校园里玩耍，与春天欢快地打着招呼。前几天，我们刚学完《方帽子店》这篇课文，这是一篇独立阅读课文，课文采用对比手法写出了新旧事物之间发生的改变。课后我想，不如今天的作业就让孩子们自己设计一顶帽子，并且采用对比的手法写出产品说明，挂在帽子上。于是几天后，富有创意的三（1）班帽子店开业啦！孩子们将废旧物品改装成各式各样的帽子，戴在头上一边展示一边介绍，真是品种多，功能多，富有个性和创造力。各类课本剧的再创造表演生动、有趣、诙谐；疫情防控期间的新闻播报锻炼了孩子们的胆识。当然也不忘培养孩子们的爱国情怀，《我和我的祖国》上映后，我和家长们、孩子们一起观影，看着祖国日新月异的变化，自豪感油然而生。

我们还可以利用好高年级学生的资源，聘请他们为班主任小助理，以帮助低年级的学生站队、整队、开班队会，给他们讲解学校的常规、少先队的知识，教他们系红领巾、敬队礼等。这样既能让低年级学生在身边找到榜样，又能让高年级学生在自律中真正进行不出校门的社会实践。

作为班主任，我们要倾尽全力为学生创造一切机会，这样，每一位学生记忆里的"超人"才会一直被他们津津乐道！班主任虽然很累，却也很快乐。因为我们拥有"小粉丝"，他们能够在一定范围内对我们产生积极的影响，这何尝不是班主任特有的幸福呢？所以，就让我们在日常工作中努力学习并一步步探索、尝试、反思如何做一名好的班主任吧！在日复一日的打磨中让我们心中少一些任性，多一些思考；少一些随意，多一些谨慎；少一些简单，多一些方法；少一些抱怨，多一些执着……。做一个心中有光的老师，让以动促成长的班级管理方式焕发出持久的活力！在教育路上获得幸福，并且寻找到教育的诗和远方！

观影《厉害了，我的国》

初春，微风习习，唤醒了万物，而《厉害了，我的国》的热映也激起了我们班家长的热情。他们提议让孩子们去观看影片，增强他们的爱国情怀。家委会联系好影院，下午孩子们由家长陪同来到了观影厅集体进行观看。孩子们第一次集体来到影院，我还担心他们会大声说话，跑来跑去，我得维持纪律。事实证明，我的担心是多余的，孩子们步入影厅，耐心地等待着开幕，只有轻轻的私语声。不一会儿，影片开始放映了，影厅里安静了下来，所有的孩子都聚精会神地盯着屏幕，眼睛眨都不眨地看着，专注地听着解说。当孩子们看到鲜红的绸带拂过中国各地地标建筑，天宫一号和丝绸之路留下一抹中国红时，都激动地鼓起掌来；当孩子们看到大规模航拍镜头下出现的人类历史上最大的射电望远镜FAST，全球最大的海上钻井平台"蓝鲸2号"等时，全场一片欢呼；当看到中国桥、中国路、中国车、中国港、中国网时，孩子们更是忍不住喊：我去过、我走过、我坐过……。观影结束，孩子们走出影厅，我们班的牛×丞说："中国有这么多第一啊！"我们站在影片的宣传海报前合了张影，大家竖起大拇指，发自肺腑地齐声高喊："厉害了，我的国！"

观影后，肖×烟的妈妈在班级群中这样留言：

我总觉得现在不需要孩子们懂什么，只需要潜移默化地对他们进行影响。出来时，张×伟跟我说中国好厉害！这就够了。孩子的责任心、自豪感、归属感、勇于攀登的毅力，光靠物质奖励最终会有推不动的时候。孩子们现在物质条件已经很好了，该是讲精神的时候了。家长不要觉得无所谓，家国从来都是一体的，只有为了自己的国家，而不是为了自己的私利而奋斗，这样的深度才能使孩子有自我实现的高度。大部分家长是曾经被认为要废掉的独生子女的一代，事实证明，我们今天都在各个岗位上努力着。我们的认知会决定我们孩子的未来。大家一起加油，祝孩子们和家长们梦想成真。

胡×慧同学在日记中这样写道：

　　今天，我们班全体同学和家长一起去看《厉害了，我的国》，当我看到影片中的高铁飞驰而过时，不禁想起我坐高铁去旅行时的情景，进站以后看到一辆像白蛇一样飞奔而来的列车，原来它就是我们要乘的"和谐号"。自动门打开后，就可以进入列车的内部，一排排干净的座位像穿着蓝色衣服的军人整齐地站在过道两旁。列车开动以后，窗外的景色飞快地向后跑，我却一点儿也不觉得晃动，真是又快又稳。听大人说，高铁的最快速度可以达到每小时三百千米，达到了世界领先水平。哇，厉害了，我的国！

　　对孩子进行培养，让他们学会学习固然重要，但更重要的是孩子要有家国情怀，要学会做人，这些良好的道德品质会让孩子受用一生。因此，从小对孩子的用心、严格培养将决定他们一生对人、事、物的看法，我们责无旁贷，我们更应该利用正能量，让孩子们树立正确的世界观、人生观、价值观和荣辱观，在积极的心态下茁壮成长！

班级社团化管理

魏书生主张"每个学生只有让他在班级中担负责任。他才会对这个集体更有爱心、责任心"。由此可见，班级管理是学生实现自我教育和自我管理的主渠道，班主任在日常的班级管理中必须按照素质教育的新要求，创新班级管理新机制，探索教育方法新途径，使学生的习惯养成教育得以真正实现。培养学生的良好习惯，关键要培养学生的自律意识，让学生学会自我教育。班级要为学生良好习惯的养成创造一切成长条件，让学生幸福地成长。班级社团化管理就是将自主、合作的新课程教育理念引入班级管理中来，把班级还给学生，确立学生的主体地位，让学生积极主动地参与到班级管理中来，从而增强班级管理的实效性。学生在班主任的组织下自愿组合形成社团化班级管理互助小组，在社团小组内按照各自的岗位职责，以学生自我管理与同伴相互提醒、监督、评价相结合的模式进行管理。学生在其中以管理者的身份参与到班级建设中来，老师要真正把班级管理权还给学生。

班级是学生养成健全人格、形成良好行为习惯的主阵地。班级管理成为德育教育主阵地的前提是建立科学的班级管理机制，让学生主动参与到班级管理中来。"社团自主互助式"班级管理模式就是在班主任的帮助下，让学生以社团小组为单位参与班级活动，让生活在同一班集体之中的不同程度、不同心理、不同性格的学生能够优势互补，共同提高，人人都有为班集体服务、展示才华的机会。

为体现学生参与管理的主体性，我们建立了美食社团、运动社团、写作社团、音乐社团、美术社团、舞蹈社团、朗诵社团、奇思妙想社团等，其中魔方社团在班级中的辐射面是百分之百，每个社团都有一个负责人，即"社长"，和一个协助者，即"协长"，其余成员是"社员"，实现层层管理、各负其责。

我的主要工作是把握大局，适时调控、引导、激励，使小组成员互相影响、团结协作，解决出现的问题。

"社长""协长"由学生民主选举产生，在明确工作责任目标和职权范围的前提下，负责本社团具体的日常管理工作。

"协长"负责评价每个成员平时的表现，协长的产生不是固定的，由组内综合表现优秀的队员轮流担任。组内实行思想、行为、贡献评价机制，按成员平时的综合表现，动态地选举产生协长。

在班级社团的组建过程中，我们根据学生的年龄特点、组织能力、性格特点、学习成绩、男女比例等进行互补式组合，每个社团小组由4~6人组成，每学期调整一次。

社团成立后，要对社长和协长进行培训。

一是要对他们进行责任心教育，使其明确自己的职责，尽快带领全团成员开展工作。二是要对他们进行管理方法的培训，每两周我会定期召开社长会议，总结前两周社团活动的开展情况，针对班级中出现的情况制定各社团活动的重点。三是各团社长要随时随地对社团的活动加以指导，和协长一起解决社团管理中遇到的困难，解决不了的与我商量解决。四是要给社长实际权力，帮助社长树立威信，增强社长的执行力。

在社长总体负责本社团管理的基础上，我们又把社团成员进行了具体分工，比如，谁管社团成员的学习、纪律，谁管卫生，谁管大课间，谁管路队等。这样各负其责，相互监督，可极大地调动每一个学生参与社团管理的积极性。

为促进班级社团化管理的有效性，激发学生参与管理的主动性，我们采取各社团成员间打分的方法加以落实。为此，我们把社团管理的内容划分为"学习、纪律、卫生、路队、大课间、开展活动"五部分加以实施，制订了实施细则和考核评价表，谁负责哪一部分谁就给本社团的成员打分。学生在班级管理中的主体地位由此得以确立，真正体会到了"当家做主"的滋味。通过综合评定，学期末评选社团之星和优秀社团，并在班级群里和班级墙报上进行表扬，鼓励学生天天进步。

管理心理学认为，通过激励管理班级，可以巧妙地使学生兴奋起来，在班级里营造一种活跃的氛围，从而诱发其内部"能源"，最大限度地调动和发挥他们的积极性、主动性和创造性，提升班级管理效果。在实施社团化班级管理的过程中，利用班队活动展示社团才艺，利用校园艺术节展现班级社团的成果，利用班级群及时反馈评价社团成员平时的表现给家长，获得家长对"社团自主互助式"班级管理模式最大的信赖和支持，适时激励学生在新的起点有更大的进步，使每个社团和每个学生都能认识到：只有在合作基础上的竞争，才能实现自我发展。

班级社团成立以来，通过实验、研究、探索，班级社团化管理取得了一定的成效。社团自主互助式管理使师生的距离拉近了，建立了民主、平等、和谐的师生关系，有利于良好班集体的建立；体现了以人为本，教给学生社团合作学习的方式，使全体学生全面提升了素养。班上的学生大多是独生子女，生活在优越的环境中，往往比较自私、狭隘。在社团合作中，他们懂得了要善于听取别人的意见，懂得了在和他人的相处中要谦让，懂得了只有团结协作才能获得成功。因而，他们的心胸开阔了，变得大方了，能吃苦了。

班级社团化管理不仅有利于好学生的发展，更有利于激发弱势群体的学习热情。社团合作学习是一种尝试探究的过程，更是一种社团内展示交流的过程。它的运用有利于调动全体学生积极思维，包括学习有困难的弱势群体。在合作学习发展中，他们有发言权，也有自己的想法，这时，老师及时给予的鼓励也会激发他们的学习热情。久而久之，他们学习的积极性、主动性和创造性就会逐渐被激发出来，他们会主动参与课堂讨论、课外实践活动等教学活动，他们的综合能力和素养也会提高。

在班级社团化管理中，每个学生都犹如一条奔腾的小溪，学生之间长期进行有效的社团合作，小溪就能交汇成汪洋大海，一如既往的长期社团合作，就能在合作与竞争中兼收并蓄、海纳百川。我们应让学生在朝着目标努力的过程中，主动培养自身的行为习惯，对自己不断地反省，不断地纠正错误，使自己在自我完善的过程中，获得进步，获得成功！

小学生摆地摊卖书　不为赚钱只为练胆

2013年我带的第三届学生毕业。酷暑中，我们班刚毕业的两名学生在校门外不远的地方摆起地摊，卖自己用过的辅导书、课外书，引得不少接孩子的家长驻足。原来，他们摆摊不是为了赚钱，而是为了"练胆量"。他们的做法引起了报社记者的注意并进行了报道，我既感到意外，也为他们的尝试感到骄傲！以下是报道的内容：

兰州晨报讯（记者向清顺　实习生王润天）昨日下午3时许，在酒泉路小学门口，记者看到，两位学生面前铺着几张报纸，上面摆着《小学生天地》《智力大王》等几十本教辅图书和课外读物，角落里还放着几瓶矿泉水。两个摊主则坐在一侧看作文书。

"书两块钱一本，杂志一元一本。"见有顾客光临，男生王×诺和刘×淇便热情地介绍。接送孩子的家长一边询问一边翻看，脸含笑意地说："小伙子真棒，我给儿子买本书吧，不用找钱了。"两人忙站起身，连声道谢。

离摊点几百米处，记者见到了两个孩子的家长杨女士和刘女士。杨女士介绍，两个孩子都是酒泉路小学六年级的学生。孩子性格腼腆，胆子很小，家长便有意让他们走上街头练练胆。她说，从去年夏天起，儿子就开始摆摊了，现在性格已改变很多。"我们远远地跟着，主要是负责孩子的安全。"

校外摆地摊，你怎么看？

王×诺说："可别小看了这个地摊，想把它经营好还是要付出努力的。顾客翻看完海报，我要及时整理。平时在家里不爱看书，不知怎么的在这一边看书一边卖书觉得特有意思，看书还更专注了。以前觉得没有一点意思的书，现在翻看突然觉得真有趣！"刘×淇说："在摆地摊的过程中知道了与人交流的重要性，也懂得做好一件事有多难，也更能理解自己父母的辛苦了！"

和孩子一起放学回家的李女士，手里拿着一本刚从地摊上买来的书，她告诉记者："我想买几本励志类的书，但孩子不乐意看，今天刚好看到本校的哥哥摆的书摊里有，一下激起他的好奇心，非要我买给他，我很高兴，价格也便宜。"

学校领导甘校长说："对于学生摆地摊，想多多参加社会锻炼，这是可以理解，并应当给予适当支持的，只要学生能够自觉遵守规定，不影响周边环境，我们觉得这也是一件好事。"

在班队活动中搭建学生个性发展舞台

　　班队活动开展的目的是促进学生的发展，这也是教育的出发点和归宿。所以，教育应有利于学生的全面发展，注意学生个性的培养。小学是基础启蒙教育和儿童个性得以发展的重要阶段。

一、班队活动要具有开放性

　　每个人的个性都不尽相同，教师要根据班上学生的个性特点，开展令他们感兴趣的活动。通过这样的活动，教师可以陶冶学生的情操，培养学生良好的个性品质，如本班10月的一次班队活动。

1. 活动目标

（1）展示学生个性，激发他们参加活动的积极性、创造性。

（2）通过不同形式的表演，设计出丰富多彩、生动有趣的班队活动。

2. 活动人员

二年级（3）班学生和班主任。

3. 活动时间

2010年10月16日。

4. 活动地点

班级教室。

5. 活动内容

（1）班主任组织好学生。

（2）班主任发言：同学们，这次班队活动在室内开展，看到黑板上画的嫩绿的河边草，金黄的油菜花，你们一定非常高兴！今天就让我们在这蓝天下不拘一格，尽情表演吧！

（3）活动流程：

① 会唱歌的"小黄鹂"出场了，她就是我们班的邵×荷，她演唱的歌曲是《嘀哩，嘀哩》，歌声在教室上空飘扬，同学们拍手打着节奏，沉浸在一片欢乐之中。

② 李×升同学的儿歌朗朗上口，他迫不及待，大步流星地走上舞台，一边朗读儿歌《轻轻地》，一边做着生动有趣的手势。

③ 爱画画的王×卓同学在黑板前专心地画"水中的鸭子"。瞧，他画的鸭子太逼真了！小伙伴们都夸他是个"小画家"。

④ "手工作坊"专家蒋×璇剪出了一个"龙凤呈祥"的精彩图案，正在向同学们展示她的作品呢！

⑤ 我们班上聪明的"小博士"一上场就开始给同学们出题："什么布不能剪？""科学家遇到什么事情最头疼？""力大无穷的人可以被什么打倒？"同学们争着回答，场面十分热闹。

⑥ "小天鹅"上台了，跳起了她最拿手的拉丁舞。

（4）活动结束。

这次活动，同学们在舞台上"八仙过海，各显神通"。

二、班队活动要具有激励性

班主任的评价语言应富有激励性，在充分了解学生潜能的基础上评价学生，让学生在现有的基础上谋求发展。

在一次班队活动中，胆小的张×军同学唱了一首《小红帽》，我听完后说了一句："你唱得真好！"全班同学都竖起了大拇指，她高兴地叫起来："老师，我还想唱一首。"

老师认可、鼓励的话语能激励学生大胆参加实践活动，充分发挥自己的潜能。

三、班队活动要注意保护学生的自尊心和自信心

在活动中，教师对学生的表现要充分肯定并及时予以表扬，对他们的积极性和创造性也要给予充分肯定，使他们增强自信心，产生自我激励心理。比如，班队活动课上，我班有一位不善学习的潜能生王×丰举手上台背古诗《春晓》《村居》，当时同学们几乎个个噘起小嘴，对他的上台既感到意外，又从心底里不信任。我连忙说："老师相信你能行！"这时班上响起了雷鸣般的掌声，当他背完古诗后，我又说了一句："你这么努力，积极性挺高，下次背古诗一定会更流利，成为我们班的播音员！"他像只高兴的小麻雀般欢蹦乱跳地走下讲台。

四、班队活动要提供交流展示的平台

低年级学生不善交往，有的怕别人嘲讽，有的把交往看成一种负担，有的对交往缺乏信心，班主任应当注重对学生交往能力与文明习惯的培养，通过开展各种各样的活动，营造让学生进行交往的氛围和情境。比如，开展"结对"或"给同学贺生日""辩论赛"等活动。平常在课堂上，教师也应多给胆小的学生提供与他人合作学习的机会，在学习交流与切磋的过程中，胆小的学生也可以形成良好的人际交往能力。

在班队活动中搭建学生个性发展的舞台，为孩子们的健康成长助力！

营造良好的课堂气氛

在几年的教学实践中，我对"教师只是课堂教学活动的组织者、引导者，是学生知识的启发者和引路人，学生才是学习的主人"这句话有了更深的体会。因而，在教学时，我非常重视课堂气氛的营造。因为适宜的课堂气氛能使学生情绪高昂，智力活动呈最佳状态；反之，沉闷、冷漠、消极的课堂气氛往往会打击学生的学习积极性，抑制其智力活动。怎样在语文课中营造良好的课堂气氛呢？不妨试试以下这些方法。

一、精心设计导入语

一个吸引人的导入语能激起学生的学习欲望，促使他们以极大的热情投入到学习中。

1. 用多媒体课件引入语文教材中文辞优美的文章

读着那些文章，眼前就浮现出一幅幅美丽的画面。在学习《富饶的西沙群岛》一文中，我利用多媒体课件播放西沙群岛美丽的图片，如五光十色的海水、各种各样的珊瑚、海参、大龙虾、成群结队的鱼、有趣的海龟、栖息在茂密树林中的各种各样的鸟，并配以悠扬的音乐，让学生在视觉、听觉上都有美的感受，从而把学生带进一个如诗如画的世界。然后，我问学生："你们知道这是什么地方吗？""你们想去看看吗？""今天老师和同学们一起'乘飞机'去看一看，好不好？"在美丽的风光图片和柔和的音乐声中，学生很快投入到课文的学习中。

2. 以趣开头

兴趣是学习的源动力，有了兴趣，学生就会兴味盎然地投入到学习中，他们就会去思考，想办法去理解。在学习《总也到不了的老屋》一课时，我问孩子们："读了课题你有什么疑问？你想知道什么？"一石激起千层浪，学生热烈地讨论后，兴味盎然地在文中寻找答案，在自主探究中不知不觉地顺利完成了学习任务。

二、讲究提问的方法

汉语是一门充满趣味的语言，不同的句子可以表达相同的意思，语调、语气不同，表达的效果也不一样。提问的方式直接影响学生对问题的思考和学习的兴趣。例如，在学习《一定要争气》一文时，我让学生自由朗读课文后说说这篇文章讲了什么。当学生说到课文讲了童第周两次争气的事，一次为自己，一次为国家后，我接着让学生默读课文并思考："童第周为什么要给自己争气？他又是怎样给自己争气的？结果怎样？从童第周为自己争气这件事你想到了什么？"又如，教学《慈母情深》时，我问孩子们作者看到了什么让他"鼻子一酸"？这样，学生带着问题认真读课文，认真思考，就会找到问题的答案，从而达到教学效果。

三、注意课堂冷场的处理

冷场是学生遇到问题不知如何回答时的反应。为了避免这种情况的发生，老师就要在问题难度的设计上下很大的功夫。课堂上及时表扬学生，以激发他们的学习兴趣。问题太难，学生望而生畏；问题太简单，学生又觉得没意思。为此，教师在备课时，应在问题的设计上下功夫，做到问得巧、问得妙。在教学《曼谷的小象》时，我问学生："你认为这是一头怎样的小象？你是从课文哪里看出来的？"学生很快就从课文中找到了答案，课堂气氛也在学生的思考中活跃起来。之后，我便逐层深入，由浅入深，由简到难地讲解。

四、发挥激励的作用

表扬让学生如沐春风，不管是什么时候，我都不忘表扬我的学生。在指导学生朗读《铺满金色巴掌的小路》一文时，学生开始读得并不好，但我发现几个平时读书不好的学生却读得很认真，于是我表扬他们读得很认真，并问他们能不能读得更好，还把他们的名字写在我的语文书上，告诉他们老师要把这些朗读小能手的名字记下来，这样老师一拿起语文书就会想起他们。当学生再读时，语气腔调、面部表情全都出来了，我的书上的学生的名字也越来越多。而学生的兴趣也大增，时间长了自然形成习惯，师生间自是其乐融融。充满语文味的课堂使学生学得轻松，学得愉快，学生自觉参与到学习中来，教学也就水到渠成了。

让自信悄悄走进孩子们的心灵

爱迪生曾说："自信乃是成功的第一秘诀。"纵观古今，凡有成就的人无一不是以充分的自信心为先导。有人曾问居里夫人："你认为成才的窍门在哪里？"居里夫人肯定地说："恒心和自信心，尤其是自信心。"可见，自信心对一个人的成才具有多么重要的作用。

自信心就像能力催化剂，能够将人的一切潜能都调动起来。我们常常低估孩子的自我观察能力与学习能力，对孩子的观点大加鞭挞，横加修改，一定要让他们以自己的思维模式为标准。殊不知这样做正在一点一点地抹杀孩子的自信。自信心对一个人一生的发展所起的作用，无论在智力上还是体力上，或是处世能力上，都有着基石性的支撑作用。一个人缺乏自信，便缺乏了在各种能力发展上的主动积极性。自信心不足的孩子，一是容易判断失误，没有认清自己的有利条件；二是与比自己条件好的同学比，觉得自己不行；三是意志不坚强，怀疑自己的能力。因此，我们要做好孩子的引路人，帮助他们认识到自己的实力和长处，让他们发挥自己的优势，恢复信心，磨炼意志。要鼓励孩子在做每件事时，不要说"我不行"，而要说"我试试"。对孩子的每一点进步我们都要及时地给予肯定，使他们克服自卑感和胆怯心理，增强自尊和自信。谈起《三国演义》中的"空城计"，大家一定会联想到"瑶琴三尺胜雄师"的诸葛孔明。当时，司马懿率大军兵临城下，战事一触即发，但诸葛孔明仍笑容可掬，琴音丝毫不乱。司马懿疑虑骤起，考虑再三，还是下令撤退。当他事后得知真相，悔之莫及，仰天叹曰："吾不及孔明也。"这一则故事充分说明了自信心不仅能战胜敌人，保全自己，更是取得成功、赢得未来的法宝。从我们身边的许多优秀人士身上，我们更能看到这种超凡的自信，正是这种超凡的自信心的驱动，使他们敢于对自己提出高要求，并在失败中仍能看到成功的希望，鼓励自己不断努力，获得最终的成功。

要提高孩子的自信，增强他们在各方面的能力，鼓励是最有效的手段。每一个孩子都需要不断地鼓励，就像植物需要阳光雨露一样。但在生活中，我们往往忽视鼓励的重要性，常常忘记鼓励，轻视鼓励。许多家长错误地认为，孩子需要的是教育，而教育更多的是训导与惩罚。他们没有认识到缺少鼓励，孩子就不能健康地成长，缺少鼓励可能使孩子产生不良的行为，可能会严重地打击孩子的自信心。就像《"精彩极了"和"糟糕透了"》这篇课文中讲的一样，没有母亲的鼓励，主人公就失去了写作的自信。

我们应该鼓励孩子有一定的冒险精神，有克服困难的勇气，有与别人一比高低的信心，这是非常重要的。许多体育运动都具有培养孩子勇气、信心及冒险精神的特性，鼓励孩子积极参与有挑战性的运动，无疑会对孩子将来的人生发展带来很大的益处。我们的过分保护会使孩子失去自信心，这种不恰当的爱会阻止孩子锻炼自己。孩子需要一定的空间去成长，去提高自己的能力，去学会如何应付危险的局势。不要为孩子做任何他自己可以做的事。如果我们过多地做，就剥夺了孩子发展自己能力的机会。孩子独立办事，由于经验不足，往往会把事情办糟，甚至惹来麻烦。这时，我们应该鼓励他们，帮助他们树立"我能行"的信心，懂得"不怕失败，大胆尝试"的道理，让他们在实践中"吃一堑，长一智"，不断积累经验，从而提高各方面的能力。让孩子在拥有自理能力的基础上发挥自己的潜能，才能使自信心在能力的基础上成长。

人生是大树，自信是根，就让自信陪伴孩子一起成长！

教无定法，贵在得法

——对小学文言文教学的初步认识

中国是文明古国，在其浩如烟海的文化传承和不断发展的教化育人中，文言文起着重要作用。文言文是在古代汉语口语基础上经过加工提炼而形成的一种简洁、典雅的书面语，文言文又有其独具特色的古朴之美——文美、韵美、意美、境美和时代塑造的含蓄、丰富的内涵。因此，文言文素养是民族文化素养的重要组成部分，是学生应具备的素养之一。

小学文言文教学是小学最后阶段引导学生学习文言文的有益尝试，但由于具有特殊性和阶段性，其一度成为教学中的一大难点。对于小学生来说，"文言文"是一个新的名词，它是非常陌生的，不仅难读（单音节词较多，读起来拗口），而且难懂（古今词义差异较大）。在小学阶段，大部分的文章都是白话文，学生比较容易理解，而文言文与现代的白话文在词义和语法上有较大的差别。一般人一听见"文言文"就会头都大了，觉得"之乎者也"之类挺麻烦的，搞不清楚，正所谓"剪不断，理还乱"。这对于初次接触它的小学生来说更是一大难点。

那么，如何改变教师教得费力，学生学得吃力的状况呢？我认为，教师应教而有法，并且做到以学定教，顺学而导，渗透学法指导，充分发挥学生在学习中的主体作用，调动学生学习的积极性和主动性。同时为学生提供较为轻松的学习环境，通过自主、合作、探究的学习方式，让学生参与尽可能多的文言文学习实践活动，从而有效培养学生阅读文言文的能力。

我在教学《两小儿辩日》这篇文言文时，就注重从思想上打消学生害怕学习文言文的顾虑。首先，我让学生将其与之前学过的文言文《夸父逐日》进行比较，得出"《两小儿辩日》的篇幅长了，难度大了"的结论。其次，我告诉学生，初中将学习篇幅更长、难度更大的文言文。在学生面露惧怕之色、发出一片"啊"的惊叹声中，我微笑着说："大家不要怕，只要我们掌握了学习文言文的方法、步骤，学习起来就会轻松自如，达到事半功倍的效果。这节课，老师就和大家一起边学习边总结学习文言文的方法、步骤。"这样，课堂一开始，我就先让学生从思想上重视文言文，同时又让他们觉得学文言文并不难，是"有法可依"的，从而使他们认真地对待这节课。

接下来的整节课，我力求给学生营造出轻松、自主的课堂气氛，和学生一起探讨学习文言文的四个步骤：读准读通、弄懂会译、分析理解和启智明理。

一、读准读通

课堂上，我这样问学生："不管是白话文，还是文言文，我们第一步都应该先干什么？"大家都知道应先读，因为语文课必须"以读为本"。但是要读好文言文并非易事，对于小学生来说难度更大，由于文言文里的一些字词的读音和现代文中的读音不同，学生在读的过程中难免会断句不当，出现错读、断读、读得没有韵味等问题。初学文言文，教师更要注重带学生闯过"读通"这一关。我在一开始就注重创设情境，在古筝的伴奏声中为学生范读课文，学生边听边标出停顿的地方，然后展示正确的停顿标注，让学生对照改正。学生学会句子该如何停顿，学会一些朗读的技巧后，才容易把课文读正确，读流利，并从中感受到朗读文言文的乐趣。

二、弄懂会译

"一篇文言文，我们在读通后，接下来该干什么了？"

"翻译。"学生很容易就回答出来了，这样第二步就被我板书在黑板上了。小学文言文教学，不必逐字逐句地串讲对译，学生能通过自己的理解，大体上说出意思即可。我在教学时出示重点词语的注释让学生参考，并且鼓励学生借助课后注释和工具书来理解课文意思。这一环节，我先给学生充分的自主学习的时间，然后再让学生提出疑难当堂交流解决，接着让学生与同桌互相用自己的话讲述课文意思。这样循序渐进，学生就在活跃的气氛中轻轻松松地弄懂了文言文的意思。

三、分析理解

在这一环节中，我出示了以下问题让学生小组合作学习：

（1）"两小儿"为什么辩斗？

（2）他们各自的观点和理由是什么？

（3）结果怎样？你怎样看待孔子？

（4）你喜欢文中的"两小儿"吗？为什么？

通过这种合作学习，学生不仅提高了发现、探究、解决问题的能力，而且在不知不觉中受到了中华传统文化的熏陶。

四、启智明理

在这一环节中，我这样设计导入语："不管是一篇白话文，还是文言文，我们除了学习文中的字词句等基础知识外，更重要的是从中明白一定的道理，受到教育和启发。"接着，我在板书学习文言文的第四步"启智明理"后，让学生思考讨论"辩日启示"。学生经过思考、讨论后畅所欲言："我感受到孔子很谦虚，也很诚实，他敢于在小孩子面前承认自己不知道，我们应该向他学习。""文中的两个小孩善于观察，爱思考，值得我们学习。"……在我的引导下，学生也能明白"宇宙无限，知识无穷，我们应不断学习"的道理，接着我又用"横看成岭侧成峰，远近高低各不同"的诗句引导学生理解"认识事物从不同角度出发考虑，会有不同结论"的道理，从而知道两小儿之所以会得出不同的结论，是因为他们观察的角度不同。

在总结完全文后，我这样说："这节课，我们的收获很大，学习了课文，懂得了知识，也明白了很多道理。同时，学习文言文的方法、步骤也在不知不觉中被我们总结了出来。"然后，我让学生齐读我板书在黑板右上方的内容：①读准读通；②弄懂会译；③分析理解；④启智明理。接着，我问学生："你们说学习文言文难吗？"大家异口同声地说："不难。"然后我又说："是啊，只要我们以后按照学习文言文的方法、步骤来学习，就一定会觉得轻松，达到事半功倍的效果。"这时再看学生，他们个个面露收获颇丰的喜悦之色，再没有了课堂一开始的那种畏难情绪。

总之，教无定法，贵在得法。在文言文教学过程中，教师切忌"谋权篡位"，要"授之以渔，不能授之以鱼"；要注重教给学生学习的方法步骤，创造轻松、自主的课堂环境，让学生对文言文乐学、会学，从而全面提升学生的语文素养。

引导＋激励性评价＝唤醒习作兴趣

第斯多惠说："教学艺术的本质不在于传授本领，而在于唤醒、激励和鼓舞。诸多名师也认为鼓励是教育的法宝，是最廉价的润滑剂。"实践证明，鼓励可营造宽松、和谐、民主的教学氛围。学生在这种自由的空间里可与老师、同学进行心灵的碰撞、生命的融合，不断地获得成功的体验，并在获得成功的过程中不断成长。

实施激励性评价是作文教学改革的当务之急，也是解决学生害怕作文问题的关键所在。通过实践，我们认为：从学生的内在需求出发，对学生的习作实施激励性评价，可以消除学生的失败感，让学生获得成功感，对激发学生写作的自信心和自主性有明显的效果。用激励的语言写习作的评语会达到非常好的效果。无论是口头评价还是书面评价，激励的语言都能调动学生写作的积极性，激发学生的写作自信心，使其成为学生克服困难和发奋进取的动力。评价时，教师要以鼓励学生进取为出发点，以在原有基础上进步为准则，针对学生的实际情况，用多把尺子衡量，用发自内心的激励性语言写评语。针对写作基础好的学生可用"欣赏激励式"评语，如"书写如此工整，表达如此流畅，感受如此深刻，你的写作态度与语言基本功告诉老师：你是一位很有天赋的小作家"。对写作问题较为突出的学生，我们可以用"肯定提示式"评语，如写介绍物品的评语："能把它的特点和用途写得那么具体，说明你是个善观察、有毅力的孩子，如果能换个直截了当的开头，这篇习作就更棒了。"对基础较差的学生，我们可以用"鼓励提高式"评语，如"在你眼中，我们的校园多么美丽，文中的每一个词、每一句话都表达了你对学校的爱，如果能按方位顺序来写，使习作的脉络更清楚，这首校园赞歌会更动听"。我的评语改革后，每次一发下来作文本，孩子们就爱读评语，还要相互交换看老师写的批语，学生明显更爱写作文了。一个学生在日记中写道："每次发下作文本，我就兴奋地、一次又一次地读老师的评语，老师的评语给了我写作的勇气，是我写作的动力。"实践证明：激励性评语对儿童写作产生的作用是深远的。

叶圣陶先生说过："自能读书，不待老师讲；自能作文，不待老师改。老师之训练做到此两点，乃为教学之成功也。"小学阶段的习作，根本目的是激发、增强学生进一步写作的兴趣。在作文评改中，我除了采用"多就少改"的原则，还注意充分发掘学生习作中的个性差异，让学生充分抒发各具魅力的情思。我主要采用的方法是发挥小组学习的优势，培养学生的合作精神，让学生之间进行互改互批互评。评讲习作中，我注意引导学生寻找出同伴在习作中的闪光点，对学困生的点滴进步更是予以肯定。鼓励学生积极参与交流，既让学生敢于在交流中发表自己的见解，又让学生善于在交流中倾听别人的建议，最后再让学生根据自己的意愿自改习作，鼓励学生取他人之长，补自己之短，并有所创新。

除了运用师生、生生及自我激励性评价外，我还注意进行引导。因为生活是习作的源泉，观察则是习作的基础，所以在教学中只有引导学生用心体验，认真观察，才能让学生把握事物的特点，写出真实具体、生动形象的文章。如在指导学生写游戏活动时，我采用了师生一起示范玩游戏，其他学生仔细观察和同学相互合作玩游戏亲自体验的方式，收到了意想不到的效果。学生感受深刻，把游戏时同学们喜形于色的情形描写得非常形象、具体，如有学生写道：

> 我看有些同学提笔就写，有些同学思考了一会儿才写，有些同学写完了，在那儿东张西望，看看读完了以后会不会好笑。老师看见我们都写完了，就让我们站起来读，有的连成一句话非常好笑。例如，"孙悟空在操场上难过地扫地""王×在公园里高兴地洗澡"……王×听了以后哭笑不得，我们也忍不住哈哈大笑。其中有一句竟然是"王×泽在厕所里高兴地吃饭"，同学们听了笑得前仰后合，我和同桌笑得趴在了桌子上。王×泽听了以后假装生气了，问这是谁写的，我们都在笑，也没有人理他。老师在一旁也被逗笑了！

由于学生从兴趣入手，在亲身体验中获得真情实感，所以学生有话可说，有话想说。

学生的灵性往往是在丰富的体验中产生的，有了真正的体验，学生就会情动辞发，产生一种强烈的表达欲望。如学完《坐井观天》一文后，我让学生想象一下当青蛙跳出井口后会说些什么，又会与小鸟有怎样的一番对话。又如《狐狸和乌鸦》一课讲完后，我让学生想象当它们再一次相遇，会发生什么，于是有学生写道：

> 乌鸦再也不会上当了，因为它懂得了：闪光的东西并不都是金子，动听的语言并不都是好话。

看，学生把读到的、学过的语句灵活地运用于写话中，变成了自己的语言，使作品更富有生命力。只要教师善于挖掘学生的潜力，激发学生的能动性，引导他们自己去探索，去体验，学生的习作兴趣就会被主动激发出来，习作内容就会迸发出耀眼的火花。

新课程改革对语文课堂评价提出了更高的要求，我们应该主动掌握评价的艺术性和科学性，以学生为本，以"超自我"的视角抛弃成见，与时俱进，全面反思，使语文课堂充满激励性评价，从而有效地促进学生全面、持续、健康地发展。让我们更好地关注学生的个性和人格，关爱学生的生命发展，让引导与激励性评价共同唤醒孩子好学的天性！

播种习惯，收获能力

　　教育家叶圣陶说："教育就是养成好习惯。"简单的一句话却指引着我们教育的方向，你若教育孩子们养成倾听的习惯，他们就会具有听的能力；你若教育孩子们养成思考的习惯，他们就会具有思考的能力；你若教育他们养成观察的习惯，他们就会具有看的能力……

　　一年级的小学生不会使用清洁工具，老师就得手把手地教，教他们怎样握笤帚，怎样扫地、怎样拿簸箕撮垃圾，怎样拿抹布擦桌子等，还要为学生表演生活中的一些错误做法，让学生判断对错，并说说原因，让学生不仅知其然，而且知其所以然，从中认识到劳动的意义，感受劳动的快乐。再者，老师还要让学生学会保管、存放工具。例如，使用完的清扫工具该摆放在哪里？怎样摆放才整齐？通过反复训练学生感到工具摆放得整齐，自己在劳动时就可以准确快速地拿到所需物件，节省时间。另外，每次劳动完毕，要将工具放回原处，方便下次使用。当然，要让学生养成这些习惯仅靠教导是不行的，在平时的教学中我们还要注意观察学生使用工具的情况和劳动情况，及时指正，或让学生之间相互提醒，开展"评选劳动小能手"的活动，使学生逐渐养成认真细致的劳动习惯。

　　为了让学生提高劳动效率，老师不妨在劳动前让学生开展讨论：完成这次劳动，在时间上怎样安排最省时、最合理？按什么样的流程进行劳动才能避免窝工？这次劳动中难度最大的环节是什么？经常这样训练，就能让学生学会从"小"处着手节省时间。比如，大扫除时就可以让学生先做好工作安排，分配好任务，准备好劳动工具。如果劳动的过程比较复杂，不妨让学生列一个统筹安排流程表，把时间安排、劳动过程按顺序列出来，争取每次劳动前都让学生对安排做到心中有数，杂而不乱。

　　诚然，一个班级中小组长的工作具体而繁重，可我刚接手的这个班级，小组长的能力实在有限，收发本子拖拖拉拉，汇报不清楚，给我的工作带来了不必要的麻烦，换掉又怕伤了孩子的自尊心；只好开展一个短期培训，我先选出其中做得最好的一个孩子，然后让他向其他组长介绍工作经验，再让组长间竞争，看哪个组长负责，哪个组长动作麻利，哪个组长会组织分配任务，哪一组组员和组长配合默契等，随时进行大比拼，这样的效果是立竿见影的。

　　社会充满竞争，培养学生团结协作的团队精神就显得尤为重要，学会合作是时代对人才提出的要求。劳动离不开协作。不妨让学生分工合作，将劳动任务分配到个人，集思广益，充分发挥每个人的聪明才智去解决问题，攻克难关。分小组学习是一种较好的合作形式。为了使各个层次的学生都能得到锻炼，我在安排学习小组时，注意各个层次学生的合理搭配，让学生在遇到困难时要发挥集体的力量，学会听取别人的意见，学会与别人团结协作。培养学生勇于创新、热爱创造的好习惯。只要我们用心帮助孩子养成一个好习惯，孩子就能收获一种能力。

爱是一股清泉

魏书生的《魏书生当班主任》一书给我的印象颇深，魏老师教育学生的方式很是独特：他别开生面地创办了一种《班级日报》，十几年如一日，让学生自己采集稿件，编排出报，鼓励学生自己发现问题并解决问题。当学生上课讲话，他就要求学生写心理活动说明书，让学生既从根本上认识到自己的错误，又提高了学生的写作水平；当学生犯了错误，他则要求其做一件好事来弥补，缓解其负疚和懊悔的消极情绪，重新激发他昂扬上进的积极情绪。这一切看似简单平凡，其实都来源于魏老师对学生的满腔热爱。在魏老师看来，深夜送学生回家是一个老师义不容辞的责任，可就是这样一个他早就习以为常的举动却让学生百感交集，终生难忘。因此，就有了魏老师每次出差回来，学生都会自发地到车站去迎接的感人场面。从魏老师身上，我感受到了爱在教育活动中的伟大力量。我也是小学班主任，读了《魏书生当班主任》一书，我开始在具体的教学中实践：那天，一个学生在朗读课文时把"还有后来人"误读成了"还有后人来"，大家听了都哄笑起来，教室里的严肃气氛顿时化为乌有。怎么办呢？我神态自若，从容不迫地问："同学们，你们在笑什么？这位同学念的意思并没有错呀！"我这么一说，教室里静了下来。我接着说："'还有后来人'的意思是还有接班人；'还有后人来'的意思是还有人接班。"这时，教室里鸦雀无声。我又亲切地说："当然，意思不变，并不等于说这位同学读对了。他之所以念错，是因为没有看清楚。如果仔细看、认真读，就不会犯这种不应该犯的错误了。我们请他再为大家朗读一遍，好吗？"学生们听了，情不自禁地鼓起掌来。这时，那位站着的学生情绪更加激昂地读了起来。

把爱融化在教学语言上。学生对班主任的感官印象，很多是从班主任的语言中产生的。生动有趣的教学语言，可以让学生更加亲近自己，信任自己，从而达到"亲其师，信其道"的教育境界。尽管过去说"良药苦口，忠言逆耳"，但我们也可以想方设法使良药不苦口，让忠言不逆耳，研究出一套"糖衣良药，顺耳忠言"的教学语言，这对一些"问题学生"尤为管用。

把爱展示在言谈举止中。老师一句关切的话语，一个肯定、鼓励的眼神，一个善意的微笑，一个提示的手势……，让孩子从这些无处不在的小细节里感受到老师对他的关爱。所以说，班主任的一言一行都影响着学生，千万马虎不得。每一个孩子的喜怒哀乐都在老师的眼里、心里，久而久之，爱的教育定能在学生心中生根发芽。孩子如果内心对老师有好感，即使这个老师教学水平不高，孩子的这门功课也可能学得不错，可见老师对孩子的影响力有多大。教育的魅力就在于此，老师一个小小的举动就可以产生如此美好的结果。

把爱落实在向上的班风里。每个班里都会有成绩好的孩子，也会有成绩差的孩子，决定孩子成绩好坏的因素是多方面的，老师不能决定一切，但是老师可以通过自己对孩子的态度去影响孩子的学习态度。对待成绩好的孩子，器重他们，不优待他们；对待成绩中等的孩子，关心他们，不忽视他们；对待成绩差的孩子，用发展的眼光看他们，找到他们的闪光点。一个好的老师，或许不能给孩子好成绩，但是可以让孩子爱上学习，而不是厌恶学习。作为一名班主任，我们不应该只对某一个好学生充满爱心，或只对某一学困生格外有爱心，而是要对整个班级的学生倾注爱心。我经常反思：我的孩子们在这个班级里是否找到了存在感？我对学生的爱，是否有被遗忘的角落？我对他们身上出现的问题是否过于急躁？处理的方式是否有效？在不断的回顾中找出漏洞立即做好弥补工作，用爱去温暖那些失落的童心。

爱，好像一股清泉，浸润着学生的心灵，让其永远甘甜。

第四部分 因爱绽放 因爱美丽

第五部分

同心同行　共思共长

05

我们不一定在最好的时光相遇，但因为遇
见了你们，我们才有了这段最好的时光；珍惜
我们遇到的每一个孩子，他们是我们回味人生
的慰藉。

聊聊小学一年级新生那些事

——新生家长会

各位年轻的家长朋友们：

早上好！

因缘使我们相聚，当您牵着孩子的小手走进小学的校园时，您一定充满了无限的憧憬和喜悦。从现在开始，您和孩子将打开一个全新的世界，美好充实的成长之旅就在此刻开始了。唐代诗人韦庄的《与小女》写道：

见人初解语呕哑，

不肯归眠恋小车。

一夜娇啼缘底事，

为嫌衣少缕金华。

这是诗人写给自己小女儿的诗。我的小女儿刚能听懂大人讲话，就咿咿呀呀地学着说话了。有一天，我亲手用木头做了一辆玩具小车送给她。她玩得不亦乐乎，一直到晚上都不肯去睡觉。好不容易躺到妈妈怀里，却又因为衣服上少绣了一朵金线花，就哭哭啼啼地闹个不停，整个晚上爸爸妈妈被折腾得半死不活。唉，我的调皮的、娇滴滴的小女儿！可是我又怎么忍心怪你呢？

各位家长今天第一次参加我们的新生家长会，内心定会有一些兴奋，也有一丝的焦虑，担心孩子找不到教室、找不到书、找不到厕所、不会写字、上课坐不住、水瓶拧不开……真是各种担心！但更多的我想是期待，对学校的期待，对老师的期待，对孩子同班小伙伴的期待。

那我们家长该如何帮助孩子更快更好地适应学校生活呢？接下来我们就来聊聊小学一年级新生的那些事，我将从家长的教育方法、目的和目标三个方面聊一聊，给各位家长一些建议和参考。

一、聊聊方法

我们倡导，孩子的成长比分数重要，家长的陪伴比管束更有效。

1.给予孩子积极的心理引导

入学前，为孩子描绘令人向往的小学学习生活，激发孩子进入小学学习的愿望，切忌以"学习十分辛苦、小学的学习生活非常紧张"之类的话语来影响孩子，使孩子对入学产生恐惧。

2.经常和孩子交谈

当孩子提问的时候，耐心地给予解答，或利用各种机会告诉他有些问题经过小学阶段的学习就能解决。

3.带孩子参加各种活动

让他们学习如何与陌生的小朋友交往，在交往中学会与他人分享自己喜欢的东西，使孩子在进入小学后能适应集体生活。

4.为孩子准备必需的学习、生活用品

刚入学的孩子年龄小，注意力容易分散。在给孩子准备书包、文具盒、铅笔、尺子、橡皮、圆头剪刀、水彩笔等学习用品时，一定要以实用为主。比如可为孩子选择布制的或塑料的文具盒。文具盒上的图案不要过于花哨、复杂，否则图案吸引着孩子，会分散他们上课听讲的注意力。为孩子准备HB的铅笔，其笔芯硬度适中，写出的字的颜色也合适。六棱柱形的铅笔，孩子握着舒适稳妥，铅笔的数量最好是6支左右，每天上学前一天晚上削好备用。不要用自动铅笔，那样不利于练出字形。

为孩子准备一个水杯，学校有直饮水机，专供孩子们喝水，安全、卫生。不要给孩子带饮料或水瓶里装饮料，白开水是最健康的饮品。

下雨时，最好给孩子穿雨衣，不要带雨伞，杜绝安全隐患。给孩子准备必要的纸巾和一块小抹布用来擦桌椅，以备不时之需，以便他们养成良好的卫生习惯。不要带小刀、转笔刀等存在危险的文具，不能带玩具和零食影响学习。

穿着打扮要考虑到方便孩子活动、上厕所，后半学期恰逢冬季，更要特别注意。发型也不要太怪异，像"茶壶盖"、长命辫儿等，太夸张会引来其他孩子的异样目光，也不符合学校要求。从安全角度出发，在有体育课时，给孩子穿运动服、运动鞋，不要穿凉鞋、靴子等，以免影响孩子正常的活动。

教会孩子写自己的名字，能说出父母的名字和工作单位、家庭住址、电话号码。提醒孩子有事或受伤时要及时告知老师。

家长要按时把孩子送到学校门口，让孩子自己进校门，不用牵着手千叮咛万嘱咐，也不用挤到门口张望，您的心思我们明白，但请相信老师们在这方面经验更多一些。您的坦然、自信是孩子勇敢自信的力量和榜样，您要是慌乱了，孩子还能镇定吗？当然要按时接送，不要让孩子因等您太久而感到失落，如有特殊情况请提前和班主任老师联系。

家长要教育孩子严格遵守学校的作息制度，有计划地安排学习和玩耍的时间，这包括：要按时到校，不能迟到；放学后，要等家长来接，家长一定要准时来接孩子，如果来晚了，孩子会着急，也不安全。

5. 为孩子营造良好的学习氛围

在家里为孩子营造一个良好的学习环境。给孩子安排一个独立的学习天地，准备"三个一"：一套桌椅、一盏台灯、一个安静的学习环境。选择合适的灯光照明，购置适合孩子身高的桌椅，不要将孩子安排在与电视机同屋的房间，要给他们提供一个安静的学习环境。

平时也要引导孩子经常收听广播，观看新闻，从小培养孩子关心时事的好习惯。

二、聊聊目的

孩子的生活主要有两个部分，一半时间在家，另一半时间在校。及时的家校交流，可以使我们更全面地了解孩子的整体情况，及时调整对孩子的教育方式。无论我们教师还是你们家长，我们的目的是一致的，都对孩子倾注着爱，都是为了让孩子更好地成长。基于这一点，我希望我们在座的每一位家长都能和我们进行坦诚的交流，尤其是关于孩子的身心状况、家庭环境的一些特殊情况或临时出现的一些意外情况，等等。这些需要老师特别关注的地方，请您一定要及时向我们交代清楚，以确保孩子的健康成长。另一方面，无论在教学方面还是在教育孩子方面，如果您对我们的做法有意见、有不理解的地方，请您及时和我们老师或学校沟通，可以当面交流，也可以通过微信或QQ进行交流。请您相信我们会认真倾听并考虑您的意见，如果我们的意见不能统一，我们也会向您做出详细的解释。当然，如果您对孩子的学习关心不够，没有尽到一个家长应尽的责任，我们也会直言不讳地向您提出建议，毕竟一切都是为了孩子。

1. 进行有效的监管与督促

学生在校的大部分时间是花在课堂上的。怎样才算认真听了课？我们可从这些方面进行检查：孩子回家能否轻松地完成作业，以及作业的正确率如何；家长可根据上的课提一些问题，看看孩子反馈的如何；孩子能否将课文读通；我们还可检查一下孩子的书上是否有乱涂的画、乱写的字。

上学以后孩子要独立去记很多东西，其中最重要的就是作业和第二天要带的东西以及学校临时布置的重要的事情。您可以在放学接孩子的时候问问他:"今天老师让你们回家做什么呀?"孩子做完了,家长要检查签字,作业完成得好,别忘了要肯定孩子;若完成得不好或者没完成作业,也需要家长帮助孩子找出原因,鼓励孩子再努力。有过几次经验以后,孩子就会明白,记住老师交代的任务是自己的事情,应该自己完成,这样他在听老师讲话和记事方面都会认真许多。而不是把孩子的教育推给老师,若向老师说一句:"老师,若我家孩子不听话,你放心打!"或是交给辅导班以求万事大吉,自己的孩子还是要靠自己亲力亲为,指望别人,您终将失望。

2. 关注孩子情绪变化,及时沟通疏导

孩子上小学了,这是他人生道路上的第一个重大事件和转折点。除了在物质上做好一切准备外,家长和教师还要特别注意为孩子营造一个积极良好的情绪氛围,让孩子对小学生活产生向往,渴望学习,渴望与他人交往,要让孩子感到上学是一件好事,是光荣的、值得骄傲的事。平时家长可以在与孩子的交流中传递出这样的信息:"你长大了,上小学了,爸爸妈妈真高兴!""我们家的小学生做起事情来就是不一样!"让孩子体会到父母为自己的成长而高兴,为自己即将迎来小学生活感到自豪。

进入小学的头一个月很重要,是学生最不适应的一个月,也是最不稳定的一个月,培养一些习惯的最佳时期就在这一个月。这时的孩子需要关心,需要鼓励,需要理解,需要帮助,更需要规范,而这些需求和渴望,孩子会通过不同的方式反映出来,等待家长去解读。作为家长要善于观察孩子的情绪、兴趣、身体的变化,耐心倾听孩子的声音,通过倾听来了解孩子在校的情况,从而有的放矢地进行引导。

家长一定要每天抽出一点儿时间与孩子聊天,了解孩子的在校情况,多聊聊有趣的事,如学校的景色、树木、图画,逐步再聊同学的特点、老师的样子、服饰、语言、班级的故事,在交流中了解孩子的学校生活,了解孩子的想法、遇到的困惑,等等,引导孩子多说出心里话。比如,跟同学相处是否融洽,还有孩子的性格,做事的态度、方式等,由此家长才能给予孩子正确的引导教育。

3. 正确对待孩子之间的纠纷和意外

课间玩耍和上体育课时，孩子们磕磕碰碰是难免的事，碰撞摔倒或自己不小心弄伤了的事时有发生。老师和家长对孩子加强安全教育是一件天天讲、时时讲的事情。如果出现意外状况也需要各位家长理解，有时一些不理智的行为会无形地给孩子带来负面影响，在他的潜意识中就认为原来解决问题的办法就是靠父母和亲人骂、闹甚至是打，他不知道除此之外还有原谅、理解和宽容。所以，我们要正确对待孩子玩耍时的磕磕碰碰，不要把它上升为家长跟老师、家长跟家长之间的矛盾，这对孩子的成长是不利的。有位教育家说过这样一句话："仁爱产生仁爱，野蛮产生野蛮。"父母是孩子的榜样，是孩子的第一任老师，父母的一举一动、一言一行都在影响孩子。家长们是否在遇到事情时能科学做家长、理性做家长，而不是以"父爱母爱的名义"有意无意地伤害我们的孩子，影响了孩子的成长呢？毕竟孩子要长大，要自己经历人生。社会是复杂的，他要慢慢地适应，需要老师和家长引领他，而不是代替他做决定。

三、聊聊目标

对于低年级孩子来说，家长的培养目标就是以适应和培养习惯、培养学习兴趣为主，引导孩子怎样愉快地学习。家长可以从培养自理能力和如何安排时间，如何高效地完成作业入手，让孩子养成独立自主、热爱学习的好习惯。

1. 让孩子养成良好的生活习惯

帮助孩子调整作息时间，注意劳逸结合。培养孩子按时作息、游戏、锻炼的习惯，让他们逐步形成守时的意识，尽早适应正规的学校生活。

初步培养孩子的自理能力，让孩子自己梳洗、穿戴、吃饭；学会使用铅笔和卷笔刀，学会整理自己的物品；学会做简单的家务、便后冲水等，尽快做到自己的事情自己做。要通过一些小事来培养孩子的自理能力。刚入学的孩子，由于识字不多，入学2~3周内，家长可帮他整理好书包，建议刚开始时家长跟孩子一起整理，然后逐渐放手。提醒他第二天需要带的物品。3周以后，家长可站一旁引导孩子如何整理书包，如教孩子将第二天要用的本子、书整理在一起，放进书包的一层里，其他各学科书分档归类，剪刀、胶水、短绳之类可放在书包侧袋中，以免弄脏其他书本。一个半月后，家长可完全放手让孩子自己做。

一年级的孩子极易弄丢学习用品。上学以后，需要自己保管的东西一下子多了许多。孩子以前并没有这样的经验，缺乏自己的东西由自己保管的意识，这样就造成有些孩子几乎每天都在丢文具。针对这一点，家长可帮孩子在每件学习用品上写上名字，或做好记号，让他自己认识自己的东西。有些父母对这些现象并不重视，觉得一支笔没有多少钱，丢了再买就可以了，但自己的东西自己保管好是对孩子责任心的培养。家长要让孩子从思想上自觉地爱惜学习用品，自发地管好学习用品。事实证明，生活能力强的孩子，学习能力、管理能力、自我约束力自然都会强。

扫地、拖地、收垃圾、擦桌椅等劳动，到学校后，完全由学生自己完成。所以，请您在家指导孩子尽快学会各项技能。

2. 培养孩子的时间观念

必须重视新生开学的第一个星期，让孩子确立这样的观念：自己现在是小学生了，每天除了在学校学习外，回家还得自己学习，养成按时完成作业的习惯。家长可以每天抽出一定的时间和孩子共同学习、游戏，培养孩子一定的阅读能力、思维能力和动手能力。否则一旦孩子养成到家后先玩，置学习于不顾的习惯，那到了中高年级以后，孩子拖拉作业的坏习惯将会使您很头疼。

在日常生活中，要有意识地让孩子懂得在什么时间应该做什么事，并一定要有始有终地完成一件事情；培养孩子集中注意力的习惯，在什么时间不应该做什么事情，并能够控制自己的意愿和行为。比如，该写作业时一定要认真写，写完后收拾利索才能去读课外书、看电视和玩。有些家长自从孩子上学后就不再给孩子自由活动的时间，这样做是不科学的，应该给孩子一定的自由支配时间，但要加以引导。

要保证孩子有充足的睡眠时间，让孩子学会合理地安排早上时间，让孩子有足够的上学时间，做到上学不迟到。上学的前一天晚上，家长应督促孩子按课表整理好书包，将第二天要穿的衣物叠好，放在身边。孩子早上的时间较为紧张。有的孩子早上起床拖拖拉拉，再加上有时学习用品尚未备齐，致使匆忙上学时，落下了当天所需的学习用品。而且，由于早上匆忙准备，有的孩子来不及吃早餐，时间长了，会直接影响身体健康。长此以往，孩子易养成丢三落四，得过且过，不会统筹安排的坏习惯。

3. 培养孩子高效做作业的习惯

孩子做作业时，第一，要注意他的写字姿势；第二，要规定他在一定的时间内做完，不能拖拉，不能边做边玩或边做边吃。否则，孩子是很容易分心的，长久下去，就会养成作业拖拉、效率很低的坏习惯。养成孩子先完成作业再玩耍的好习惯：每天只查看孩子的作业是否认真，读、写、算、默、背是否过关，发现问题时鼓励孩子及时补救，并签字证明，但不能代替孩子检查作业，更不能代替孩子写作业，坚决不能说孩子笨、慢、邋遢，要积极引导，鼓励孩子向老师询问，和同学讨论。特别注意不要让孩子边看电视边做作业，或边做作业边吃东西。家长更要注意别在孩子写作业时看电视、聊天、听音乐、玩手机甚至打麻将。

4. 做孩子的榜样

一个优秀的学生，离不开良好的家庭教育和学习条件。

武亦姝的成功，正是家庭教育的成功。所以，当武亦姝的成功展现在人们面前时，许多家长会模仿并学习她父母的教育方式。

其实，武亦姝在读幼儿园的时候，被父母要求背诵古诗、学习绘画等等，让小小年纪的武亦姝产生了厌烦心理，变得讨厌学习了。因此，她的父母十分着急。

后来有一次武亦姝的父母去朋友家做客，看到朋友陪伴着孩子开心地学习，于是他们下决心改变以往的教育方式。

在女儿放学后，爸爸不再下棋，而是拿起书来和武亦姝一起阅读；他们还会和女儿一起玩"诗词接龙"的游戏，谁输了就要做家务。

家庭教育方式的改变也让武亦姝逐渐爱上了学习。

之前，武亦姝是以垫底的成绩考入复旦初中的。但进入初中后，她的成绩却猛然提升到年级前十名，尤其是化学成绩，名列前茅。

复旦初中的校长在开家长会的时候，只要提及武亦姝的学习成绩"逆袭"之路，都会着重强调她的家庭氛围：武亦姝的父亲每天下午4：30以后就不用手机，专心陪孩子。

所以，想要让孩子学有所成，家长需要营造高度自律的家庭氛围，以及长久的陪伴。

给孩子最好的教育，就是和孩子一起成长，做孩子的榜样。

之前也看过一条新闻，一个50多岁的妈妈为了鼓励女儿考研，决定与女儿一起考，却提前一年考入了华中师范大学。

但这样能够陪伴孩子学习的家长，在现实生活中并不多见，更多的家长只会在孩子放学后，跷着二郎腿看手机，而让孩子去写作业。

曾经有一张图片火爆网络。在地铁里，一位母亲聚精会神地玩手机，她的女儿也凑过去看。而在附近，另外一个母亲却捧着书陶醉地看着，身旁的孩子也沉迷于书里，丝毫不受外界的干扰。

你瞧，如果父母足够自律，在孩子面前读书，那么孩子也会读书。如果家长只会每天沉迷于游戏，玩手机，那么孩子怎么可能会安心学习呢？

美国黑人作家鲍德温说：孩子永远不会乖乖听大人的话，但他们一定会模仿大人。

父母就是孩子的模仿对象，所以，孩子的行为方式最有可能是在仿照现在的你。

假若家庭氛围是玩手机、打游戏，那么孩子疯狂迷恋游戏，其实很正常。假若父母喜欢宅在家里吃喝玩乐，那孩子日后好吃懒做，一点也不奇怪。

因此，父母与其羡慕"别人家的孩子"，不如想想如何提升自己，成为孩子的表率。

以身作则才能言传身教，你的现在就是孩子的未来。

2017年北京高考状元熊轩昂说过："现在很多状元，都是家里厉害又有能力的人。我父母是外交官，从小就给我营造一种很好的家庭氛围，包括对我学习习惯、性格上的培养，都是潜移默化的。"

而且，有研究表明，18岁之前，孩子受到家庭教育的影响比例超过60%，而学校的教育只占30%，剩下不到10%是来自社会教育。所以说，高考状元的成功不只是归于孩子的天赋、努力和老师的倾囊相授，更是来源于父母的言传身教。

2014年，安徽高考状元董吉洋谈及自己的家庭："偶尔我也会厌学，不想看书，爸妈注意到了，也不说什么，就把电视关掉，坐下来看书，看到他们在看书，我也就不好意思不看书了。"

由此可见，父母的言传身教对于孩子的学习成长有多么重要。可以说，格局大的父母会陪伴孩子学习，会以身作则，让孩子成为具有优秀品质的人。

因此，人生路漫漫，为人父母任重道远。为了孩子的将来，请你为孩子努力一把，陪孩子一块儿学习成长吧！

5. 培养孩子阅读兴趣和习惯

所谓智力，就是阅读能力。

作为教育者，要想让孩子爱学习，必须自己先做读书人。教师如此，家长也是如此。如果希望孩子好，那就先让自己成为读书型的父母，和孩子一道安静地看书。如果你不能在书桌前坐半个钟头，又如何要求孩子每天从早到晚坚持五六个小时的艰苦学习呢？

芬兰的教育国际闻名，主要是因其阅读风气旺；英国家长注重亲子共读，所以，孩子上学后，学习兴趣较高，一般也不会有偏差行为；加拿大政府注重推广陪孩子看书、说故事，并区分婴儿故事时间、学步儿童故事时间、学前儿童故事时间，因此，孩子上学后学习能力普遍提高。

阅读既然如此重要，那么如何在漫漫书海中选择适合孩子的书？如何培养孩子的阅读兴趣呢？

低年级孩子的识字量少，但想象力丰富，建议以绘本为主。以读图为主的绘本符合儿童的心理特点，长期阅读能潜移默化地激发儿童的阅读兴趣，对儿童的语言能力、逻辑思考能力、审美能力和创造力都有很大的影响。

尽量选择那些图画精美、文字流畅、与孩子生活相关、适合孩子口语表达的绘本。每个孩子的兴趣爱好不同，需求也不同，所以即使孩子的认知能力有限，家长也要让孩子自己选喜欢的绘本。选择绘本不要盲从盲信，可以先上网找出绘本的书摘和书译，不要只听别人说，也要自己先读读看。选择荣获世界大奖的绘本——这些书的背后往往是品质的保障。可供孩子相互谈论的故事更能引起孩子的阅读兴趣。

最重要的是考虑孩子的接受能力，父母的陪读更为关键。我们提倡亲子阅读。每天抽出半个小时的时间跟孩子一起读书，在提高孩子阅读能力的同时，又增进了家长与孩子的情感交流。

读书是一辈子的事情，重要的是持之以恒。只要孩子在读，只要他这周比上周有进步就值得高兴，就应当鼓励。下面给各位家长推荐一些适合孩子们读的书：

（1）《荷花姑娘模样好》杨舒棠/文；姜来/图；河北教育出版社。

（2）《小猪唏哩呼噜》孙幼军/著；春风文艺出版社。

（3）《狐狸的钱袋》赖晓珍/著；杨宛静/绘；青岛出版社。

（4）《没头脑和不高兴》任溶溶/著；浙江少年儿童出版社。

（5）《小蝌蚪吞了一片天》鲁冰/著；天天出版社。

（6）《大头儿子和小头爸爸》郑春华/著；长江文艺出版社。

（7）《穿花裙的狼》金近/著；中国少年儿童出版社。

（8）《教室里的海盗》［法］克里斯蒂娜·帕吕伊/文；［法］伊夫·卡拉奴/绘；周国强/译；广州出版社。

（9）《大卫上学去》［美］大卫·香农/文·图；余治莹/译；河北教育出版社。

（10）《好消息　坏消息》［美］杰夫·麦克/文·图；李奂/译；江苏文艺出版社。

（11）《猜猜我有多爱你》［爱尔兰］山姆·麦克布雷尼/文；［英］安妮塔·婕朗/图；梅子涵/译；明天出版社。

（12）《大个子老鼠小个子猫》周锐/著；春风文艺出版社。

（13）《亲爱的笨笨猪》杨红樱/著；作家出版社。

（14）《三字经》王应麟/著；人民教育出版社。

（15）《安徒生童话》［丹麦］安徒生/著；叶君健/译；人民文学出版社。

（16）《格林童话》［德］雅各布·格林、威廉·格林/著；韦苇/译；少年儿童出版社。

（17）《伊索寓言》［古希腊］伊索/著；［英］琼斯/编；杨海英/译；江西教育出版社。

（18）《爱丽丝梦游奇境》［英］刘易斯·卡罗尔/著；张晓路/译；人民文学出版社。

（19）《石头汤》［美］琼·穆特/文·图；阿甲/译；南海出版公司。

（20）《花婆婆》［美］芭芭拉·库尼/著；方素珍/译；河北教育出版社。

亲爱的家长朋友们，孩子们承载着你们的殷切希望和美好憧憬，您的孩子将在小学度过六年的快乐时光，在这六年里，孩子在一天天长大，知识在一天天丰富，每一天点点滴滴的进步都是对我们付出的最好奖赏。在这六年里，我们希望能得到你们一如既往的理解和大力支持。对于教师而言，真正的志同道合者存在于家长中。当大家都动起来，群策群力，这个集体才叫厉害呢！让我们的孩子在家校的共同努力下绽放出最美的花蕾。

祝孩子们茁壮成长！

最后借用台湾作家龙应台写的《孩子你慢慢来》这本书中的一段话来结

束今天的活动：

我要求你读书用功，

不是因为我要你跟别人比成绩，

而是因为，

我希望你将来会拥有选择的权利，

选择有意义、

有时间的工作，

而不是被迫谋生。

当你的工作在你心中有意义，

你就有成就感。

当你的工作给你时间，

不剥夺你的生活，

你就有尊严。

成就感和尊严，

给你快乐。

六年级家长会座谈

——如何帮助孩子做好小升初衔接

尊敬的各位家长：

大家好！

首先感谢各位家长对我们基础教育工作的支持，感谢对我们毕业班工作的大力支持，更感谢大家对自己孩子的关注、关心。两年前我也跟现在的你们一样为孩子即将升入中学而有些担心、焦急。今天请允许我跟各位家长朋友们一起交流一下在小升初之际如何帮助孩子做好小升初的衔接。我认为一个孩子的成长，不是光靠学校就能够做到的，只有家校形成一股合力才能做得更好。我想大家聚在一起交流如何帮助孩子做好小升初衔接，进行有效的家校配合是非常必要的。孩子们即将升入初中，要面临新环境，会有很多不适应，出现很多新问题，父母要先于孩子考虑，提前让孩子进入初中阶段，帮孩子平稳过渡。

一、六年级的重要性

家长应该清醒认识这段时间的学习对孩子的重要性：

第一，这段时间的学习关系着孩子将来学习的积极性，以及学习的兴趣。如果你的孩子以较好的成绩步入初中，我想他一定会充满信心，对以后的学习生活势必也会抱着乐观的、向上的态度。有句话说：态度决定一切。可见这对他的学习的影响是十分大的。

第二，这段时间的学习是孩子进入初中给初中老师留下的第一印象，也可谓展现给老师们的"第二张脸"。小学毕业既是一个学习阶段的结束，也是一个学习阶段的开始。好的开始是成功的一半，毕业考试的成败也意味着新的开始的好坏。

第三，这段时间的学习是必经的一道坎，也可以说是孩子对将来人生的第一次抉择。

二、保持健康积极的心态

怎样帮助孩子尽量在最后不要留下遗憾呢？

1. 加强对孩子吃苦耐劳精神的教育

最后这一段时间，由于学习任务增加，孩子肯定会觉得比平时更辛苦。但是从人的一生来看，这种辛苦是孩子的一笔最好的精神财富。我们家长要经常对孩子进行这方面的教育，特别是在孩子有怨言的时候要及时对他们进行心理疏导，给他们讲道理，使他们懂得不努力、不吃苦就不会有大的收获。同时对他们通过努力、勤奋得到的进步要给予表扬、鼓励，使他们苦中有乐，苦中有希望。

2. 帮助孩子缓解心理压力

其实，大部分孩子在升入六年级后都会感到一些心理压力，这些压力大都来自自己和周边同学，有一些则来自家长。家长一方面应该告诉孩子学习和努力的重要性，而另一方面则要帮助孩子缓解心理压力。关键在于用心去观察孩子在学习生活中的种种表现，当发现他们的优点和好的做法时，要及时表扬和鼓励，不断地放大孩子们的优点，促使他们积极向上，不断进取；同时我们更应该重视孩子们成长中的困惑，帮助孩子树立面对困难的信心。用爱心来呵护孩子的自尊，使他们对生活充满幸福感，对父母充满感激！小升初考试是孩子自上学以来所面临的第一次重大考试，要想取得优异的成绩，除了知识的充分储备以外，备考和考试的心态也非常关键。

三、养成良好的学习习惯

1.合理安排时间，抓紧时间

迅速完成作业。尽量利用校内时间完成作业，这样才能挤出时间做自己需要的、对自己有用的事情，比如阅读、听英语、写作。

2.养成做事认真，不拖拉的习惯

常常有这种情况，小学升初中后，有些学生的学习成绩突飞猛进。这些转变和他们的良好学习习惯分不开，家长应督促学生养成认真学习、勤做总结的习惯。同时，要有自主学习的意识，仅仅完成老师布置的作业远远不能得到真正的提高，课下预习、复习等环节和课堂听讲同样重要。摆脱依赖，主动出击，多做习题，融会贯通，这样学生才能在学习上游刃有余。

3.加强对孩子良好学习品质的培养

对待孩子的学习，要从严要求，严不是打、不是骂，是高标准、严要求。现在许多学生在考试时不是不会做题，而是不够细心。要知道，细心正是一种很重要的学习品质。所以平时，家长一旦发现孩子作业的质量不高，一定要让他重新做一遍。在家这么一抓，学校再来一抓，良好的品质就容易养成了。

还有，学习的态度也是十分重要的。有的学生能做好，但因为某种不经意的态度，不肯尽心做、尽力做，一味地以一种完成任务的态度对待学习也是十分有害的。同时他们也会有厌倦的情绪，尤其是到星期天，学生的作业质量就特别差。一个星期辛辛苦苦养成的一点好习惯，一下子踪影全无。可以看出，星期天孩子在家缺少自律，忽视了学习。

4.学习要有规划、目标

语、数、英三科要有规划，毋庸置疑，注重基础有着很重要的作用。比如，语文的难点在阅读和作文，学习语文时一定要重视这两个方面。首先，必须利用进入初中前的时间，大量阅读，我校老师一直在这样做。其次，一定要让孩子养成练笔的习惯，要会观察，有感受，有想象，有思索。最后，还可以提前接触一些初中的课文，了解相应的要求，感受其难度。

5.避免偏科现象

不要因为对老师的印象而影响对某一门课的态度，老师都有可爱之处，需要引导孩子去理解。要及时做好思想工作，也可以及时与任课老师联系，因为学生的学习没有合格标准，只有良性竞争。

四、家长多些关爱和沟通

小学阶段，教师和家长在学生心中有着相当的权威，而进入高年级阶段，学生独立性增强，叛逆情绪出现，需要引起家长和老师的警惕。家长要对孩子多些关爱和沟通。最近各班都在疯狂地写毕业留言，已经影响到孩子们正常的学习，孩子们的心思都放在了留言上，我们已经在校进行了劝解，请家长们回家后再对他们进行有效引导。如果发现孩子跟您说起班上有同学传纸条或说谁喜欢谁的话题，请不要责骂，其实这是他们生理趋于成熟导致的微妙心理变化。教育专家建议家长一定要以恰当的方式正确引导，既不能放任不管，也不要严加呵斥。家庭环境对子女的潜移默化是长久而深远的。给孩子可靠的经济保证很重要，而一个温馨的亲情环境更为重要。家长应当把握时间提前教育，引导孩子培养健康的爱好。

以下是给各位家长的几点建议：

1.用实际行动关心、帮助孩子

（1）平时多了解孩子的作业和测验情况，重要的是要把作业和测验打开亲自看一看，不能一问了之。

（2）平时有空多陪陪孩子，在旁边看一看孩子是如何做作业的。特别是一些写作业速度比较慢的孩子，更应该多观察，帮助他找到根本原因。

（3）参与孩子的学习，进行有效的帮助。当孩子在学习过程中遇到困难时，家长们更应该多关注孩子做题的情况，并给予有效的指导。我们有许多家长都很有耐心，孩子完成作业以后，家长认真检查，发现问题后及时给孩子点拨，让孩子更正，直到做对了，孩子弄懂了，才签字作为证明。

（4）多鼓励，少批评。多正面引导，少横向比较打击。

（5）多谈心，家长与孩子一起运动，愉快学习，轻松生活。

下面这段话与大家共享：敌视伴随着孩子，他学会争斗；嘲弄伴随着孩子，他羞愧腼腆；鼓励伴随着孩子，他信心倍增；赞美伴随着孩子，他鉴赏有方；认可伴随着孩子，他爱心常存；分享伴随着孩子，他慷慨大方。

2. 加强对孩子身体健康方面的关心

学习任务加重，孩子的体力消耗变大，适时增加他们的营养摄入。在睡觉、穿衣等一些细节上要更加重视，以防孩子生病。要知道，现在一感冒就会落下课。由于现在学习节奏变快，一旦落下，就很难有时间补上。另外，在休息方面也要加以监督。要保证孩子的睡眠充足，到一定的时间提醒孩子早点休息，控制好电视的观看时间和电脑的使用时间。

3. 加强对孩子的课外时间管理

平时若是看到孩子晚回家，一定要问清原因，必要时打电话与老师联系，进行相关的教育。千万不能留下管理上的空白，造成安全隐患，这样就很容易出问题，一定要加强安全意识教育，如果学生在校期间有什么特殊情况，就辛苦我们的家长朋友来学校接一下，以保障学生路上的安全。

4. 加强家长与任课老师的联系

因为教师工作很烦琐，不一定每一天都能和家长联系。这需要各位家长能主动通过电话或亲自来校与老师沟通，了解孩子的情况，表达自己的想法。特别是有时家长不能接受老师的一些做法，或觉得有必要对老师的工作提一点改进意见，我想最好还是亲自与任科老师谈谈，以便于相互理解包容，更好地教育您的孩子。

5. 做好孩子升入中学的心理准备

教育专家建议，家长可以提前带孩子到即将入读的中学参观，熟悉新的环境，从思想上做好进入初中的准备。家长可以多和孩子谈谈未来的学习，共同憧憬即将到来的初中生活，还可以一起去购买新学期的学习用具或书籍等。

最后，我相信通过我们大家的努力，所有的孩子都能在小学阶段有一个让人惊喜的进步，有一个让大家满意的成绩，自豪地进入更高层次的学习阶段！

以上是我的一些想法，供各位家长参考，有不妥之处恳请各位家长批评指正，我将十分感谢大家，因为教育好孩子是你们的心愿，也是我们学校和老师的心愿。我希望学生能和家长、老师平等沟通，和睦相处，快乐地度过美好的小学时光！

谢谢大家。

家长也是教育者

对一个孩子来说，合格的家长对孩子一生的成长至关重要。父母的言行、教诲无时无刻不在影响着孩子。美国心理学家霍华德·加德纳有句至理名言：每个孩子都是独一无二的，即使是普通的孩子，只要教育得法，也会成为不平凡的人。每位父母都希望自己的孩子能成龙成凤，而成才的关键在于家庭教育是否成功。下面与大家分享一下我们班的几位家长在教育孩子时较为有效的育儿方法。

新手上路　边学边干

孩子是上天恩赐的宝贝，是随机的。我是第一次当妈，没有资格证，只得"新手上路，边学边干"。所有的经历将是人生不可复制的收获和财富。一切都从心理学巨匠威廉·詹姆士的名言开始——播下一种习惯，收获一种性格；播下一种性格，收获一种命运。

一、父母的习惯

1. 把维护幸福变成习惯

来自两个不同家庭背景的人，因为爱情走到一起，因为幸福而长久地走下去。长久的秘密在于不断发现对方的闪光点并欣赏着。爸爸打孩子，妈妈心疼；妈妈打孩子，爸爸也心疼。爸爸语录："你没有发现我们两个人每次只能有一个人发火吗？""孩子需要缓冲带，都发火她就没地方躲了。"爸爸的智慧，我很受益。不要想改变别人，只有改变自己，学会欣赏别人，你会发现别人也跟着变了。孩子能在这种氛围中体会到幸福，幸福的孩子性格才会乐观，才会有智慧。

2. 把对工作的热爱变成习惯

一种工作干得久了，才能得心应手。自信的父母让孩子学会进取，学会坚持，学会追求。父母不需要总是说教孩子，只需要常常和他们分享彼此的感受，教学相长，就可以共同"好好学习，天天向上"了。

3. 把结交"好"朋友变成习惯

父母的朋友圈也许就是孩子的朋友圈，潜移默化的作用不可小觑，有时候可能根本不用你劝导，朋友圈里的一句话就已经让她受教了。作为父母，自己先要学会取长补短，交些志同道合的朋友，孩子进而也能多一些朋友。我们无法替孩子做任何事，要吃的苦、要走的弯路，都得他们自己经历。我们唯一能做的，就是多提供让他们看看这个世界的机会。

4. 把感恩变成习惯

人与人之间本来就没有什么理所当然的事情，我们要学会感恩。只有学会感恩，才能唤醒人性深处的善。把这些善意说给孩子听，与孩子分享，让他们感受世界的美好。只有我为人人，才能人人为我。你会发现，孩子变成了我们想要的阳光的样子。

二、孩子的习惯

1. 拥有一种爱好

社会发展需要全方位的人才，但这是可遇而不可求的事。人的精力是有限的，不可能事事擅长，而且往往做得好的不一定是自己喜欢的。培养一种爱好，它将会是心疲惫到极点的一种救赎，或许是绝望时最后的一根救命稻草，也可能就是你不同于别人的天赋。这种爱好不知道从什么时候开始，也不需要别人欣赏，只要自己喜欢就好。

2. 会背一本著作

信息爆炸的时代，书籍泛滥。选择一本经典文化名著，从小熟读、反复阅读、关联阅读，慢慢地就会熟能生巧，就会悟道。而后再将其与其他书籍联系起来学习，就会达到融会贯通、举一反三的功效，这是培养耐心、恒心、信心的好方法。

3. 做到一次放弃

舍得是大智慧。林语堂先生说："人之所以伤心，是因为看得不够远。未来没有来临之前，怎么知道现在所谓的困境，不是一件好事呢？人要向前走，向前走。"人生不可能事事如意，从小学会放弃贪念，多看看自己已拥有的，才会珍惜，才会知足者常乐，才会乐观向上。

4. 要有一个偶像

我始终相信一个人的性格会渐渐变成如他偶像那般的人。偶像的选择很重要，龚自珍说"欲知大道，必先为史"，要引导孩子学习历史，从历史中选择自己喜欢的偶像。因为历史是可以总结经验教训的，这将会对性格塑造起很大的作用。人物传记讲述着人生百态，体会过悲欢离合、酸甜苦辣，才是完美的人生。

孔子云："吾十有五而志于学，三十而立，四十而不惑，五十而知天命，六十而耳顺，七十而从心所欲，不逾矩。"人的一生，很多道理可能要到了那个特殊的时间节点才能明白，父母比孩子多活几十年，深知习惯的重要性。而养成的习惯还要经过岁月的洗礼，久而久之才会成为"内化于心、外化于行"的理念。理念就是"深度决定高度，思路决定出路，格局决定结局"的那个"深度、思路、格局"。真是"学习永远在路上"。让我们和孩子一起学习、成长。

陪伴是最长情的告白

尊敬的各位老师、各位家长：

大家好！

我是酒泉路小学三年级一班牛×丞的家长。时光荏苒，转眼我家孩子已经三年级了，在老师的教育和关爱下，他渐渐养成了较好的学习习惯，他热爱班级，勤奋好学，乐于助人。在此，我向各位老师表示衷心的感谢！

一名合格的小学生，离不开老师的谆谆教诲和家庭的良好教育。作为父母，我们是孩子的第一任老师，孩子的成长需要父母的言传身教。下面我分享一下我们对孩子的家庭教育案例，不足、不妥之处请大家指正。

一、从小给孩子灌输忠孝爱国的思想

做人是孩子的立身之本，要想孩子成才，先教孩子做人。我国是一个有着五千年悠久历史的国家，从小给孩子灌输忠孝爱国的思想是必要的。《鹿乳奉亲》《亲尝汤药》《扇枕温衾》《恣蚊饱血》等这些故事都是我国孝亲敬老的经典故事，这些优良传统，孩子们必须传承。

将社会主义核心价值体系融入家庭教育，引导孩子做到公民个人层面的价值准则：爱国、敬业、诚信、友善。我家孩子曾多次参与社区宣传活动，发传单、做小协警。从小事做起，实践中得到学习与锻炼，将国家层面的价值目标自由、平等、文明、和谐牢记于心。认真学习基础知识，领略科技展览带来的震撼；观看爱国教育片，从小培养爱国情怀，为成为国家栋梁做好充分的准备。当听到《厉害了，我的国》这部纪录片中说道"有一种骄傲叫我是中国人；有一种安全感叫我是中国人；有一种幸运叫我是中国人！""科技强则国强，少年强则国强"时，孩子很自豪地对我说："我是一名中国人，我要做祖国未来的后盾。"观看电影《战狼2》，听到冷锋说"犯我中华者，虽远必诛！"时，他从座位上站了起来，握着拳头跟着说："犯我中华者，虽远必诛！"

二、使孩子爱学习、爱读书，一起学习、一起成长

作为家长，我们每天都是看着书陪伴他写作业的。为了激发孩子的读书兴趣，在儿子还没有上幼儿园的时候，我经常把书里面的内容编成故事讲给他听，这种说书式的方法他很感兴趣。后来慢慢地接触一些唐诗、宋词之类的书。一次，带他去书店，我曾给他讲过《西游记》，他十分感兴趣，便买回家认真看起来。《水浒传》《三国演义》等书他都在上小学之前就看了个遍。随着儿子逐渐长大，我们给孩子买了更多的书籍，如《十万个为什么》《中华上下五千年》以及脑筋急转弯之类的图书。后来上了小学，班主任袁老师送了他一本《奥秘世界》，他更是爱不释手，一有时间就专心致志地阅读钻研。我知道，儿子已经爱上读书，现在我只需要给孩子提供一个舒适的读书环境，给他提供一些好的书籍。

三、关注孩子的心理健康教育

家庭教育是一切教育的根基！父母的情绪直接影响孩子的情绪，对于孩子来说，父母感情用事、脾气暴躁、遇事惊恐不安会于无形之中影响孩子，若是父母能够处变不惊，孩子自然会淡然面对。

四、尽量做到家庭教育与学校教育相结合

本人曾有幸代表班级参与两届学校组织的家庭教育大讲堂活动，经验丰富的教育专家讲道：对于教育，家长一起参与进来，那么陪伴就是最长情的告白！教育无小事，事事教育人！我们要站在孩子的角度考虑问题。长期得

不到父母的认同，孩子便不再期望进步，会不断地否定自己，慢慢地产生自卑感。当孩子需要你给予肯定的时候，父母要给他适当的表扬，而不是冷漠以对，没有人会愿意做经常被别人否定的事。在孩子心中父母无所不能，他对我们无比信任！所以，我们要给予他们阳光、正能量的东西。

五、爱心传递、国学传承、探索科技

孩子曾经从幼儿园到小学这段时间，多次到贫困学校捐赠图书、衣物、文具、体育活动用品等，与那里的同学共同做游戏并建立了深厚友谊。在这种教育活动中，孩子不仅可以得到奉献的快乐，还能懂得幸福生活的来之不易。

孩子曾在假期参加大型国学经典朗诵表演。从听课、背诵到排练、录音，最后上台演出，整个过程让孩子感受到了国学的魅力，并且获得了优秀朗诵一等奖的荣誉证书。

兰州科技馆开放后，我曾带着孩子去观看学习。在领略科技带给我们的方便快捷后，孩子在家经常会拿着一些瓶瓶罐罐做实验，他说他要研究如何让南极、北极的冰川减缓融化，要发明能让宇航员过得更舒服的宇宙飞船……

六、多表扬，多鼓励，少批评，少指责

我们要把孩子当朋友，互相理解，多给他们一些关爱。孩子的成长离不开学校这片沃土，离不开老师们的辛勤培育，愿我们家校加强交流，让孩子的明天更加美好！

孩子是家庭的太阳

一个孩子从呱呱坠地到懵懵懂懂地跨入学校，幼小的心灵中充满了对世界的好奇与期待，尤其是小学的时光，是孩子人生中的重要历程，对他们今

后的学习和生活有着深远而持久的影响。让孩子上好人生第一课，才能为孩子的健康成长、未来的幸福生活奠定坚实的基础。

孩子是一本空白的书，父母是五彩的画笔，生长的环境是浓重的油彩，学校的教育是精致的装订线，自身的理想和信念是书本的故事主线。在这些内因和外因的相互作用下，才能为孩子树立起良好世界观、价值观、道德观，培养他们的社会责任感，养成良好的生活、学习习惯，才能为孩子的未来书写下精彩的人生故事。我作为孩子的家长，在教育孩子的同时，总结了一点心得体会和大家分享。

一、树立正确的世界观和道德观

现今世界进入了多媒体时代，网络、电影、电视、玩具、书籍不可避免地进入了孩子的世界，我们要有意识地甄别和选择孩子接触的媒体和书籍，选取正能量、科普和亲情类型的故事。我家的孩子非常喜欢看动画片《熊出没》，她时常被影片中"熊大""熊二"捉弄"光头强"时搞怪的行为和破坏性的场面逗得捧腹大笑。有一次，我们在陪伴孩子看《熊出没》时，耐心地教育孩子，告诉她："动画片里的情节不一定都是对的，光头强砍树不但不对，而且靠捉弄、破坏和伤害别人去制止这种行为更加不好。动画片是夸张的表现手法，现实中一定要做一个不捉弄和伤害他人的乖孩子，你明白吗？"孩子听了我们的话，似懂非懂地点了点头，但是从此以后她在看到影片中出现暴力和破坏的镜头时，都会下意识地说"这样是不对的"。有时她也会自己选择不去看类似的节目，作为家长，我们感到很欣慰。还有一次，孩子在看抗日战争影片时，看到了战争的场景，奇怪地问："这些人为什么要打来打去，这样不好啊。"我们告诉孩子："这些人是八路军战士，并不是随意地打来打去，他们在外敌入侵的时候勇敢地拿起武器，和敌人战斗，赶走了侵略者，保卫了我们的家园，我们现在的美好生活都是革命先烈们用鲜血和生命换来的，这是一场正义的战争。"孩子又一次似懂非懂地点了点头。以上这些只言片语看似微不足道，但是我们知道，辨别是非与正义的种子已经在孩子的心中播下，日后这颗种子一定会茁壮成长起来，为孩子培养正确的社会观与道德观。

二、对孩子进行挫折教育

每个孩子的成长之路并不总是阳光明媚，也有荆棘重重，亦会磕磕绊绊。我们认为，要让孩子知道，父母的关心和爱护不能屏蔽所有暴风和骤雨，生活中的事不像童话，都能有美好的结局。我们在用爱心呵护孩子稚嫩心灵的同时，也要重视培养她对事物的客观认识。有一次，我们带孩子出门玩耍，身旁有一个孩子跌倒在地，孩子过去扶起那个孩子的时候，那个孩子哭了起来，说我们的孩子撞到了他。刘×函委屈地哭了起来，我们对孩子说："世界并不总是公平的，这世界没有人会不受委屈，这才是真实的世界，所以要坚持自己的内心，做一个善良的人，别人误解你，你千万不要因为别人的误解而去改变自己的内心。同时，也不是所有的付出都有回报，这世界也正因为有人默默地付出，才会变得更好。"孩子听了我们的话，似乎明白了很多道理，慢慢停止了哭泣。我们相信，孩子以后在面对委屈和失败时，会淡定许多，因为她以后要面对的，是一个并不完美，但很真实的世界。

三、培养良好的学习和生活习惯

我们经常告诉孩子：播种行为，收获习惯；播种习惯，收获性格；播种性格，收获命运。古今中外许多成功的人，除了他们自身勤奋好学之外，更重要的是，他们与一般人相比，具有更良好的习惯。所以，我们正在努力地从孩子的习惯养成入手，从一点一滴、一言一行开始，帮助她、引导她养成勤奋学习的习惯，持续阅读的习惯，独立生活的习惯，与同学和谐相处的习惯，尊敬师长的习惯，并从自身做起，让孩子在耳濡目染中潜移默化地受到熏陶，受到启发，从而养成良好的习惯，进而严格要求自己，长大后成为一个对社会有贡献的人。

总之，孩子是家长的太阳，也是祖国的希望，让每个孩子幸福快乐、阳光自信地生活是我们和老师共同追求的目标。感谢孜孜不倦、辛勤付出的教师们，愿孩子在我们的共同努力下茁壮成长，德、智、体、美、劳全面发展，达到我们共同的心愿！

　　家长们的育儿经验都是在日常生活里所得，是在不断的思考、反思、摸索中找到了适合教育自己孩子的方式方法。孩子在学习家长，家长也在学习孩子；家长在教育孩子，孩子也在教育家长；家长在培养孩子，孩子也在培养家长；家长在成就孩子，孩子也在成就家长；家长让孩子成了好孩子，孩子也让家长成了好家长。家庭教育就是要互相学习、互相教育、互相培养、互相成就，这是一门需要用心去做的功课！

写给毕业班孩子们的毕业赠言

朝夕相处的孩子们：

毕业的号角已经悄然吹响！

回首，留不住岁月！凝眸，牵不住时光！

亲爱的孩子们，你们就像我手中捧着的一株蒲公英，看着你们一天天快乐长大，待一阵清风吹过，我只能微笑着目送你们纷纷出发，心里默默地祝福你们去勇敢地寻找下一个飞速成长的广阔空间。

接下来的你们更要静下心来学习，沉下心来历练。梦想，不是浮躁，而是沉淀和积累，只有拼出来的美丽，没有等出来的辉煌。且行且思，且学且行。点点滴滴的付出，拼凑起来就成就了未来真实的你。记住人生没有白走的路，每步都算数……算数……

你们要有那部动画片里哪吒一样的气魄——是魔是仙，都要自己说了才算！

祝愿你们无问西东，快速生长！

祝愿你们往事不言愁，余生不悲秋。

最后我只想说："你我遇见真好！"

相遇美好

有首歌名叫《相逢是首歌》，歌中唱道：

你曾对我说　相逢是首歌

眼睛是春天的海　青春是绿色的河

相逢是首歌　同行是你和我

心儿是年轻的太阳　真诚也活泼

......

你曾对我说　相逢是首歌

分别是明天的路　思念是生命的火

相逢是首歌　歌手是你和我

心儿是永远的琴弦　坚定也执着

相遇美好是多么值得庆幸的一件事！一个人能遇到好老师是人生的幸运，一个学校能拥有好老师是学校的光荣，一个在教育路上有追求的老师能遇到一群志同道合并且有思想的同行是职业的幸福。

　　坐在席间认真聆听了一线教师的带班经验交流，让我又一次审视了自己的日常教育、教学、班级管理工作。各位班主任的带班经验及专家的教育教学理念，他们的人格魅力和治学精神，深深地印在了我的心中。分享教师的教育故事，再一次让我的心灵得到洗礼，精神得到升华，真正明白了：爱就是教育的核心。珍惜我们遇到的每一个人，他们不仅是我们的良师益友，也是我们生命中的贵人，就像歌中所唱：你我同行坚定执着。他们的见解深刻独到，旁征博引，通俗易懂，生动有趣，发人深省。做好老师，要有理想信念、道德情操、扎实学识、仁爱之心，把自己的温暖和情感倾注到每一个学生身上，用欣赏增强学生的信心，用信任呵护学生的自尊。我们遇到了好的职业，我们成为芬芳百花园中的一名园丁，职业使命让我们的学子得以绽放出生命的精彩。专家们各具特色的前沿讲座真正打动了我的心，他们所讲的实例与我的工作实际产生了共鸣。虽然我不能做到照单全收，但他们先进的教育理念、独特的教学思想、全新的管理体制，对我今后的教育教学及班级管理工作，无不起着引领和导向作用。我深深地意识到，必须不断更新观念，将现代教育观念和智慧的带班方法运用于教育工作实践中，不断思考、大胆探索，朝着教育的更高处努力。静赏花开，静观水流，心静了，自然就看清了！师德决定着教师的执着追求和高尚的人格，正如专家吴小刚老师所说："相遇"花季不是任何职业都有的福分，让我在这份爱与被爱中收获满满的幸福，也让我在这份幸福中且行且思，且研且行吧！

过一种幸福完整的教育生活

——与李镇西面对面交流活动

2018年5月31日，著名教育家李镇西老师来到了我们的身边，我们齐聚在红山根小学校园里。那天天气格外晴朗，好似也在欢迎我们仰慕的这位教育专家来和我们零距离交流。

走进红山根小学的校园，看着迎面的墙壁上写着醒目的一句话："幸福都是奋斗出来的！"我的内心一下振奋了起来，今天要与李镇西老师交流的也是"过一种幸福完整的教育生活"的话题，不禁让我觉得幸福来得如此突然，来得那么亲切，也来得那么自然！

我们和李镇西老师坐在有凉亭、有长廊的农耕实践活动基地。李老师亲切、平和的讲述、交流让我明白了：在每一次给孩子们创造的各种趣味活动中，体验快乐的过程就是幸福，孩子们乐在活动中，老师们乐在活动中，活动的有效开展充实着孩子们的心灵，丰富着孩子们的体验。孩子们能快乐成长，自然就感到幸福！同时幸福的内涵是多样的，针对学生个体开展各种活动达到培养、重塑他们的目的，这也很重要。幸福比优秀更重要，因为优秀只是一种评价，而幸福与否是自己的感觉，这种感觉会让你舒服、享受、自然、自信。完整教育就是一种自信、和谐！不光如此，老师还要学会自己培养自己，要不停地去实践，不停地去阅读，不停地去写作，不停地去思考。要学会写故事，会展开描写，要有敏锐的观察，把点滴温馨的画面记录下来……就像李老师说的："用一生的时间寻找那个吃惊的我！"

李镇西老师的谈吐让我的心中升腾起一股对教育生活美好的憧憬，温暖、幸福像电流传遍了全身。让师生过一种幸福完整的教育生活，我想更多的是以一颗平常心对待自己的工作，作为一名普普通通的班主任，我要耐得住性子，守得住真心，以平常心做平常事。王国维在《人间词话》中写到三种境界，要志存高远，就要有"望尽天涯路"的追求，耐得住"昨夜西风凋碧树"的清冷和"独上高楼"的寂寞，即使是"衣带渐宽"也"终不悔"，即便是"人憔悴"也心甘情愿，最后达到"众里寻他千百度，蓦然回首，那人却在灯火阑珊处"的领悟。我们从事的教育工作何尝不是这样呢？班主任的工作犹如路边一株清雅的百合，不为取悦偶然路过的行人，只为那一张张天真稚气的笑脸。看着孩子们的成长变化，看着他们变得懂事成熟，是一种特有的人生享受，自己也能从中获得更多的幸福。这就是幸福完整的教育生活。